Peter Filzmaier
Armin Wolf

DER PROFESSOR UND DER WOLF

Das 1×1 der österreichischen Politik

Brandstätter

Einleitung: Warum wir uns für Politik interessieren (sollten)

ARMIN WOLF: Peter, was ist deine erste politische Erinnerung?

PETER FILZMAIER: Meine erste bewusste Erinnerung an Politik ist sehr unschön. Wir hatten in der Schule gleich zwei Lehrer, die uns Kindern stolz erzählten, dass sie zur Nazizeit Blockwarte waren. Das waren Typen, die in einem Häuserblock – deshalb der Name – die diktatorische und rassistische nationalsozialistische Ideologie trommelten, schikanöse Vorschriften für Jüdinnen und Juden umsetzten sowie letztlich deren Abtransport in Massenvernichtungslager mitbetrieben. Genauso überwachten und meldeten sie alle Hausbewohner, ob jemand etwas Kritisches zu den Nazis sagte.

WOLF: Solche Lehrer hatte ich glücklicherweise nicht. Ich war gerade am Ende der zweiten Klasse Volksschule, als 1974 der damalige Bundespräsident Jonas gestorben ist. „Unser Bürgermeister" in meiner Heimatstadt Innsbruck hat dann als neuer Bundespräsident kandidiert. Ich kann mich noch an die Wahlplakate überall erinnern. Alois Lugger hat aber gegen Rudolf Kirchschläger verloren und ganz Innsbruck war enttäuscht.
Wann hast du dann begonnen, dich ernsthafter für Politik zu interessieren?

FILZMAIER: Ereignisbezogen ist meine erste Erinnerung zum Glück positiver, nämlich an die Umweltbewegung in der Hainburger Au an der Donau, wo 1984 der Bau eines Kraftwerks verhindert wurde und heute ein Naturschutzgebiet ist. Erstmals wahlberechtigt war ich dann 1986, fand jedoch schon die Wahlen in den späten siebziger und frühen achtziger Jahren interessant. Wobei ich mich erinnere, dass unsere ausgezeichnete Deutsch- und Geschichtelehrerin mit der Klasse die oft sehr schlichten Wahlkampfslogans und Plakatsprüche der Parteien analysiert hat. Irgendwie war das vielleicht der kleine Anfang für mein Interesse an einem Studium der Politikwissenschaft und meinen jetzigen Beruf.

WOLF: Meine Eltern waren politisch engagiert, sehr an der Basis. Mein Vater war Betriebsratsobmann in der Wohnbaugesellschaft, bei der er als Hausmeister beschäftigt war, und meine Mutter war in einer kleinen Ortsgruppe der ÖVP-Frauenbewegung aktiv. Und sie haben sehr viel diskutiert und im Fernsehen fast alle politischen Sendungen geschaut. Ich fand das interessant, hab dann mit 14, 15 begonnen, auch Zeitschriften wie das „Profil" und den „Spiegel" zu lesen, eine Schülerzeitung gegründet und mich sehr in der Schülervertretung engagiert.

FILZMAIER: Du hast ja dann auch Politikwissenschaft studiert.

WOLF: Wobei ich eigentlich Lehrer werden wollte. Kurz vor der Matura habe ich dann aber am Tag der offenen Tür an der Uni Innsbruck eine Vorlesung von Anton Pelinka gehört, der damals der bekannteste Politikwissenschaftler in Österreich war und ständig im Fernsehen – so wie heute du. Und die Vorlesung war so spannend, dass ich beschlossen habe, doch nicht Wirtschaftspädagogik zu studieren, sondern mich für Politikwissenschaft anzumelden. Und weil ich nicht wusste, was man damit beruflich machen könnte, habe ich damals – da war ich 18 – entschieden, ich werde Professor für Politikwissenschaft. Und der Nachfolger von Anton Pelinka. Das ist mir ganz offensichtlich nicht gelungen. Aber dir!

FILZMAIER: Wobei ich zuerst mit einem Jusstudium – also Rechtswissenschaft – begonnen habe. Doch hat mich letztlich die Rechts- und Verfassungswirklichkeit mehr interessiert als bloß der schnöde Text von Gesetzen und sogar der Verfassung. Wir in Österreich haben ja bei Rechtsvorschriften als politisches Kulturelement die seltsame Einstellung „Ein bisserl was geht immer!". Die Verfassung wird hoffentlich anerkannt, doch das Steuerrecht sehen schon viele als unverbindliche Empfehlung und wir sind eine „Brauchen S' a Rechnung"-Gesellschaft.

WOLF: Was ist eigentlich Politik?

FILZMAIER: Politik ist das Treffen allgemein verbindlicher Entscheidungen, um unser Zusammenleben zu regeln. Das klingt furchtbar theoretisch – aber bist du ein Anarchist, der so gar keine Gesetze haben will? Wenn nein, so wirst du zustimmen, dass wir in einer Gesellschaft mit sehr vielen Menschen auch sehr viele Regeln brauchen.

WOLF: Warum konkret brauchen wir Regeln?

FILZMAIER: Sonst könnten Lehrerinnen und Lehrer in der Schule einfach unterrichten, was immer ihnen Spaß macht. Den Schülerinnen und Schülern wäre freigestellt, bei der Matura zu betrügen, oder es dürften alle Autorowdys mit Tempo 180 durch eine Wohnstraße rasen. Genauso müsste niemand mehr Steuern zahlen, und es würde umgekehrt keiner mehr eine sozialpolitische Leistung für kostenlose Arztbesuche oder als Mietbeihilfe bekommen. In all diesen Bereichen gibt es Regeln, die auf politische Entscheidungen und Gesetze oder Verordnungen zurückgehen.

WOLF: Politik ist also der Prozess, wie solche Regeln gemacht werden?

FILZMAIER: Ja. Wobei aber mit dem Wort oft genauso die einzelnen Fachbereiche der Politik gemeint sind. Also beispielsweise die Bildungspolitik, die Steuerpolitik, die Sozialpolitik und die Verkehrspolitik, um bei den eben gebrachten Beispielen zu bleiben. Oder man meint damit den Rahmen der Politik, der in der Verfassung eines Staates festgeschrieben ist. Das alles heißt auf Deutsch Politik.

WOLF: Im Englischen gibt es dafür drei verschiedene Wörter.

FILZMAIER: Genau. Der Prozess der Politik, also das Aushandeln von politischen Kompromissen, Wahlkämpfe, innerparteiliche Auseinandersetzungen und so weiter, das heißt auf Englisch *politics*. Wo es um politische Inhalte geht, beispielsweise um Bildungs- oder Umweltpolitik, da spricht man von *policy*. Die politischen Institutionen und Strukturen wie das Parlament oder das Wahlrecht nennt man *polity*.

WOLF: Wenn man Politikwissenschaft studiert, lernt man das in der allerersten Vorlesung und vergisst es nie mehr! Wir haben einander ja auch auf der Uni kennengelernt. Allerdings nicht als Studienkollegen, sondern ich war dein Student. Kannst du dich noch erinnern, wann das war?

FILZMAIER: Das muss so 1997, 98 gewesen sein – und du warst auch einer der älteren oder sagen wir nicht mehr ganz so jungen Studenten.

WOLF: Stimmt, ich war schon 30 und schon über zehn Jahre beim ORF, habe aber nebenberuflich noch immer studiert, sehr langsam allerdings. Bei dir war ich in einem Seminar über „Gewaltenteilung in den USA“, das du 1997 noch als externer Lektor an der Uni Wien gehalten hast. Im Hauptberuf warst du damals noch im Bildungsministerium angestellt.

FILZMAIER: Ja, jeder hat seine „Jugendsünden“ und ich war vor langer Zeit einmal das, was man wissenschaftlicher Beamter nannte. Wobei ich immer an die Uni wollte. Nur mangels sofortiger Jobchancen dort war diese Sache mit dem Ministerium eine Art Umgehungskonstruktion, bei der ich durchaus strategische Hintergedanken hatte. Nach ein paar Jahren ist es mir endlich gelungen, aus dem Ministerium an die Universität zu wechseln. Davor war ich eben als Außenstehender mit einzelnen Lehrveranstaltungen betraut. Weil ich mit dem schon damals sehr bekannten Politikwissenschaftler Fritz Plasser ein Buch über Politik und Demokratie in den USA geschrieben hatte, war das als Seminarthema logisch. Als ehemaliger Korrespondent im ORF-Büro Washington warst du da aber fast überqualifiziert und ich musste dir einen Einser geben.

WOLF: War für mich total okay, ehrlich! Die Note hatte aber nichts damit zu tun, dass ich dich in dieser Lehrveranstaltung fürs Fernsehen entdeckt habe, was ich seither gerne und stolz erzähle.

FILZMAIER: Ich muss ja zugeben, dass für meine Fernsehbekanntheit ein US-Präsident verantwortlich war, der seine Praktikantin nicht in Ruhe lassen konnte.

WOLF: Stimmt. Als Anfang 1998 der Skandal um Präsident Clinton und Monica Lewinsky richtig groß geworden ist, bis hin zu einem Amtsenthebungsverfahren, haben wir dringend einen USA-Experten als Studiogast gesucht. Und da ist mir der eloquente Lektor von der Uni eingefallen.

FILZMAIER: Wobei ich das, was die Zuseher vielleicht am meisten interessiert hat, nicht beantworten konnte: was sich nämlich da ganz genau zwischen Clinton und Lewinsky im Oval Office abgespielt hat. Jedenfalls bekam ich nach der Sendung einige reichlich seltsame Reaktionen von Zusehern, die offenbar am liebsten Originalbilder dazu gesehen hätten. Was nun wirklich nicht Sache eines Politikwissenschaftlers ist.

WOLF: Die von Journalistinnen und Journalisten übrigens auch nicht. Weil das aber ein exzellenter Auftritt von dir war und sich die Lewinsky-Affäre über Monate gezogen hat, haben wir dich immer wieder eingeladen. Irgendwann dann auch öfter zur österreichischen Politik, weil du auch ein Experte für Wahlkämpfe warst.

FILZMAIER: Wobei du da ein paar Jahre überspringst. Zunächst hat mein ursprüngliches Thema USA mir viele weitere ORF-Auftritte beschert. Nach den Terroranschlägen in New York und Washington am 11. September 2001 sowieso, aber davor schon zum Wahlchaos bei den US-Präsidentenwahlen im Jahr 2000. Erst zwei Jahre später hat mir der ORF auch die Kompetenz für österreichische Wahlkämpfe zugetraut und mich rund um die Nationalratswahl 2002 regelmäßig interviewt.

WOLF: Etwa zu der Zeit bist du auch hauptberuflich an die Uni gewechselt und hast dich dort vor allem mit politischer Bildung beschäftigt.

FILZMAIER: Politische Bildung als Thema war nach der Zeit im Bildungsministerium ja naheliegend, und irgendwie die von mir gerne erfüllte Bedingung, dass ich aus dem Ministerium an die Universität wechseln konnte. Ich habe da längere Zeit einen Fortbildungslehrgang für Lehrerinnen und Lehrer zur politischen Bildungsarbeit geleitet. Weil sich Politikvermittlung in einer modernen Mediendemokratie vor allem über Massenmedien abspielt, wurde so nach und nach die politische Kommunikation mein Hauptfachgebiet.

WOLF: Politische Bildung machst du aber nicht nur auf der Uni und in Vorträgen, sondern auch in Medien. Mit dem ORF hast du inzwischen sogar einen Vertrag als ständiger politischer Analytiker und bist so oft zu Gast im „Zeit im Bild"-Studio, dass manche Menschen glauben, du würdest in einem Schlafsack unterm Studiotisch übernachten. Aber wir enthüllen jetzt: Das stimmt nicht! Da wäre zu wenig Platz.
Du erklärst aber nicht nur im ORF die aktuelle Politik, du schreibst auch regelmäßig Kolumnen in Zeitungen.

FILZMAIER: Fürs Protokoll: So wie Otto Waalkes in seinem legendären Auftritt bei Ingrid Thurnher war ich wirklich einmal unterm Tisch des „ZiB 2"-Studios. Für einen kleinen Gag, den wir für „Willkommen Österreich" gedreht haben. Daher weiß ich, dass es unter dem Tisch gar keinen Schlafsack gibt.

WOLF: Das war nicht meine Frage!

FILZMAIER: Ist schon gut, du hast ja recht! Also zu meiner Medientätigkeit: Natürlich verdiene ich mittlerweile auch Geld damit, das soll man transparent sagen. Doch das war viele Jahre nicht der Fall. Meine Motivation ist eine andere: Ich wollte nie in der Fachöffentlichkeit des angeblichen Elfenbeinturms Wissenschaft verbleiben, sondern Politik allgemein erklären.

WOLF: Das ist auch das, was wir Medienmenschen an dir schätzen: dass du sehr komplexe Dinge sehr verständlich erklären kannst, aber auch präzise und kurz, was im Fernsehen wichtig ist. Das war schon bei deinem allerersten Studioauftritt vor 25 Jahren so. Woher konntest du das?

FILZMAIER: Danke für das Kompliment, was willst du trinken? Nein, im Ernst: Ich habe nie vor dem Spiegel geübt und hatte nie einen Rhetoriktrainer. Vielleicht hatte ich einfach Glück, dass mir am Anfang keine Hoppalas passiert sind. Aber ein Sendungsmacher im ORF sagte einmal, dass ich extrem viel über die politischen Nachrichten- und Diskussionssendungen gefragt habe, eben auch was Zeitbudget und Zielpublikum betrifft. Zudem erinnere ich mich an einen Chefredakteur, der mir sagte, dass für mich womöglich zehn Prozent der Zuseherinnen und Zuseher in meinem Berufsleben wichtig sind, ihr die Sendung aber genauso für die anderen 90 Prozent machen müsst. Daran habe ich mich hinsichtlich Präzision und Verständlichkeit immer zu halten versucht.

WOLF: Das können und wollen aber nicht alle Menschen, die an der Uni forschen. Wir bekommen leider sehr oft Absagen, wenn wir Wissenschaftler oder Wissenschaftlerinnen in die Sendung einladen wollen. Andererseits gibt es oft auch eine Art Eifersucht auf Kolleginnen und Kollegen von der Uni, die sehr wohl in den Medien auftreten. Wie erlebst du das?

FILZMAIER: Ich respektiere alle Kolleginnen und Kollegen sehr, die Medienauftritten skeptisch gegenüberstehen, weil dort alles extrem verkürzt wiedergegeben wird. Im Fernsehen wird sogar Einsteins Relativitätstheorie auf eine Kürzestversion in einem Mini-Ausschnitt reduziert. Deshalb musst du alle Absagen bitte wirklich verstehen. Wenn freilich jemand absagt und sich zugleich ärgert, dass wer anderer im Fernsehen ist, nun ja, das ist weniger logisch.

WOLF: Ich habe das nie verstanden. Zum einen werden Unis von allen Menschen in Österreich über ihre Steuern finanziert. Und ich finde, die haben auch ein Recht, zu erfahren, was da erforscht wird. Vor allem aber würde ich, wenn ich Wissenschaftler wäre, möglichst viele Menschen für mein Fach begeistern wollen und sehr gerne erzählen, was ich tue. Welche Reaktionen bekommst du denn außerhalb der Uni auf deine Auftritte?

FILZMAIER: Zunächst muss ich betonen, dass es Universitäten mittlerweile längst begrüßen und fördern, wenn ihre Wissenschaftlerinnen und Wissenschaftler öffentlich auftreten. Was die Reaktionen betrifft: Es werden immer mehr, erfreulicherweise sind sie in der überwältigenden Mehrheit sehr positiv. Vor allem aber wollen Menschen dann mit mir immer und überall nur über Politik diskutieren. Ich liebe meinen Beruf, aber da muss ich als Privatmensch manchmal um Verständnis bitten, dass ich bei einem Abendessen oder am Buffet einer Veranstaltung nicht unbedingt nur über die Unappetitlichkeiten der Politik sprechen will. Sondern lieber über Sport.

WOLF: Beschweren sich Politiker oder Politikerinnen manchmal über deine Analysen im Fernsehen?

FILZMAIER: Interessanterweise sehr selten. Ich erinnere mich in rund zwei Jahrzehnten höchstens an eine Handvoll Fälle. Mit einer Ausnahme waren diese direkten Kontaktaufnahmen aber durchaus

sachlich. Nur in einem Fall war jemand, der nicht mehr in der Politik ist, eher verhaltensauffällig.
Und wie ist das bei dir? Anlaufstelle nach einer Sendung bin ja weniger ich als Studiogast, sondern der ORF und seine Moderatorinnen oder Moderatoren. Bekommst du viele Beschwerden über deine Interviews?

WOLF: Jedes Mal, wenn ich einen Studiogast unterbreche, kommen mehrere Mails, in denen steht: „Meine Kinder haben schon im Kindergarten gelernt, dass man seine Gesprächspartner aussprechen lässt. Sie nicht?" Ich schreibe dann immer zurück: Doch, das habe ich auch gelernt und ich bin sogar ein ziemlich höflicher Mensch. Sollten wir uns mal treffen und unterhalten, werde ich Sie nicht unterbrechen, versprochen! Aber ich vermute, da wird keine Uhr mitlaufen und Sie werden auch nicht mit vorbereiteten Botschaften kommen, die Sie in jedem Fall loswerden wollen, ganz egal, was ich Sie frage. Und Sie werden wahrscheinlich nicht mit Absicht besonders lange reden, obwohl es auch viel kürzer ginge.

FILZMAIER: Warum machen das Studiogäste? Das ist doch ein bisschen schade um die Sendezeit, würde man meinen.

WOLF: Das bringen ihnen ihre Medientrainer bei. Weil ich dann weniger Fragen stellen kann, die sind ja meistens kritisch und eher unangenehm. Oder ich muss dafür unterbrechen. Und das findet zumindest ein Teil des Publikums unhöflich und respektlos – dadurch wirkt dann der Studiogast sympathischer. Wobei es da einen sehr interessanten Unterschied gibt: Die älteren Zuseherinnen und Zuseher mögen es generell gar nicht, wenn unterbrochen wird, den meisten jüngeren taugt es, weil sie das Interview dann spannender finden.

FILZMAIER: Sind die Gäste sauer, wenn das Interview sehr hart war und sie vielleicht nicht so gut ausgestiegen sind?

WOLF: Sauer vielleicht schon, aber in der Regel so professionell, dass sie es nicht an mir auslassen. Ein Staatssekretär, der längst in Pension ist, hat mich mal nach dem Live-Interview, während der nächste Beitrag lief, minutenlang mit hochrotem Kopf angebrüllt. Leider habe ich irgendwann gesagt: In zehn Sekunden ist der Beitrag aus. Und er ist – noch immer schreiend – aus dem Studio gestürmt.

FILZMAIER: Warum leider?

WOLF: Ich hätte ihn natürlich weiterbrüllen lassen sollen, bis wir wieder auf Sendung waren. Das wäre auch fast 20 Jahre später noch ein echter YouTube-Hit. Na ja, eine Anfänger-Dummheit. Apropos Dummheit, Frank Stronach hat nach unserem ersten Interview beim Verabschieden zu mir gesagt: „Du hast jetzt aber sehr dumme Fragen gestellt." Dabei waren wir gar nicht per Du.

FILZMAIER: An Frank Stronach ist aber auch jede Analysefähigkeit zerschellt, das musste ich leidvoll erfahren. Wie analysiere ich jemanden, der auf die Frage nach dem Grund des österreichischen Nationalfeiertags antwortet, dass er da schon einmal interviewt wurde? Stronach hat auch in einer Spitzenkandidatendiskussion zur Zukunft Europas nur gemeint, dass ein Schuldirektor sich seine Lehrer selbst aussuchen soll. Solche TV-Diskussionen schauen wir beide uns ja gemeinsam an, bevor wir Ausschnitte daraus in der „ZiB 2" besprechen. Bei Veranstaltungen werde ich oft gefragt, ob ich bei unseren Studiogesprächen die Fragen vorher weiß. Ich sage dann, ich als Analytiker im Groben schon, zumindest wenn vor dem Gespräch genug Zeit ist. Politikerinnen und Politiker hingegen wissen nie vorher, was du sie fragst.

WOLF: Genau. Das sind auch zwei ganz verschiedene Arten von Interviews. Mit Expertinnen im Studio versuchen wir, gemeinsam dem Publikum etwas zu erklären. Und da ist es sinnvoll, das Gespräch vorher inhaltlich zu strukturieren, damit wir in möglichst kurzer Zeit möglichst viel Information unterbringen. Bei politischen Interviews ist es anders. Da geht es darum, dass Politiker nicht einfach nur verkünden, was sie vorhaben, wie bei Wahlreden oder auf Parteitagen, sondern dass sie sich mit Kritik und Gegenargumenten auseinandersetzen und ihre Politik auch argumentieren und begründen müssen. Und dabei hoffentlich auch etwas sagen, das nicht schon drei Pressemenschen vorformuliert haben. Aber warum tun sich die meisten Politikerinnen und Politiker eigentlich so schwer, auf Fragen klar zu antworten?

FILZMAIER: Das liegt nicht am mangelnden Können. Sie wollen einfach nicht. Du sagst ja selbst, dass Politikerinnen und Politiker ihre Vorhaben und ihre Sicht der Dinge darlegen wollen. Oft auch, wie sehr ihre Partei und sie selbst alles richtig gemacht haben und wie toll sie sind. Das gilt nicht nur für Wahlreden, sondern genauso im Fernsehstudio. Also würden sie am liebsten nur zu ihrem Wunschthema etwas sagen und ihre zentrale Botschaft verkünden.

WOLF: Sie kommen ja auch nicht meinetwegen oder wegen meiner Fragen.

FILZMAIER: Sondern weil bis zu 800.000 Menschen zuschauen, manchmal sogar über eine Million. Die sind das Publikum, um das es geht, nicht du. Aber deine Fragen völlig zu ignorieren und einfach über etwas ganz anderes zu reden, das geht auch nicht. Obwohl das manchmal passiert. Nur gut ankommen tut es nicht.

WOLF: Der frühere Bundeskanzler Viktor Klima hat auf fast jede Frage geantwortet: „Das ist eine sehr interessante Frage, aber lassen Sie mich vorher sagen ...“

FILZMAIER: Das ist die eher plumpe Variante. Die meisten Medientrainer bringen ihren Kunden bei, den Inhalt der Frage zumindest kurz zu berühren, dann mehr oder weniger elegant das Thema zu wechseln und letztlich ihre eigene Geschichte zu erzählen. Auf Englisch nennt man das: *Touch – Turn – Tell*, die „T-T-T-Strategie".

WOLF: Politische Interviews waren ja auch der Anlass für dieses Buch. Vor der Bundespräsidentenwahl im Oktober 2022 haben gleich mehrere Kandidaten ständig erklärt, wie schnell sie als Präsident die Regierung rausschmeißen würden und Neuwahlen ansetzen und die Inflation bekämpfen oder die Asylpolitik ändern. Und so einfach ist das halt alles nicht. Da hatte ich die Idee für einen Podcast, in dem man sich mal Zeit nimmt und etwas ausführlicher erklärt, was der Bundespräsident eigentlich darf oder nicht darf. Und da dachte ich mir, ich kenne doch einen Professor für Politikwissenschaft, der besonders gut erklären kann.

FILZMAIER: Geregelte Arbeitszeiten haben wir ja beide nicht. Also hast du mich am Sonntag angerufen, und ich wusste nicht, wie ich Nein sagen soll. Nein, im Ernst, ich fand die Idee auch sofort spannend, all diese Dinge in einem Podcast als relativ spontanes Gespräch zu vermitteln und nicht ein Einführungsskriptum oder ein Lehrbuch zu schreiben. Das ist genauso wichtig, aber viel langweiliger.

WOLF: Letztlich haben wir die Themen dann aber doch ähnlich strukturiert wie in einer klassischen Einführung in die österreichische Politik.

FILZMAIER: Aber hoffentlich doch kurzweiliger. Diese Einteilung hat aber schon eine Logik. Es sind insgesamt acht Gespräche geworden – über den Bundespräsidenten, die Regierung, das Parlament, die Parteien und die Bundesländer. Dann haben wir die Neutralität und die EU besprochen und wie man Politik außerhalb des Parlaments machen kann, also in Bürgerinitiativen, mit direkter Demokratie und in der Sozialpartnerschaft. Und natürlich soll uns niemand vorwerfen können, wir hätten ausgerechnet das schwierige Verhältnis von Politik und Medien ausgespart. Deshalb hören wir damit auf.

WOLF: Und als ich im ORF ein Studio gesucht habe, wo wir diese Gespräche zwischendurch aufnehmen könnten, hat uns Radio FM4 sein Videostudio angeboten. Was den Vorteil hatte, dass wir dort nicht nur einen Audio-Podcast produzieren konnten, aus dem gleich noch eine Radiosendung geworden ist, sondern auch einen Video-Podcast. Der war in ORF 1 zu sehen und steht nach wie vor auf dem YouTube-Kanal von FM4. Ein echtes Multimedia-Projekt also, aus dem jetzt auch noch dieses Buch entstanden ist.

FILZMAIER: Hier im Buch duzen wir uns übrigens, wie auch im Podcast und im echten Leben, obwohl wir im „ZiB 2“-Studio seit über 20 Jahren per Sie sind. Warum ist das eigentlich so?

WOLF: Weil ich in der „ZiB 2“ grundsätzlich alle Gäste sieze, unabhängig davon, wie lange oder gut ich sie kenne. Ich finde das einfach professioneller. Im „ZiB 2“-Studio haben wir ja auch beide immer Anzug und Krawatte an, obwohl ich das im Alltag nicht ständig trage und du auch nicht. Aber ich finde das auch den Gästen gegenüber respektvoller. Im Podcast-Studio waren wir da lockerer, ohne Sakko zumindest.

FILZMAIER: Politik in Hemdsärmeln sozusagen.

WOLF: Aber mit Krawatte. Es sollte ja nicht völlig entgleisen.
Gehen wir’s an, Herr Professor?

FILZMAIER: Sehr gerne, Herr Wolf!

1

Der Bundespräsident

Ist der Präsident auch der Chef der Regierung? Kann er sie einfach entlassen und eine neue einsetzen? Darf er das Parlament auflösen? Warum gab es noch nie eine Bundespräsidentin? Wie ist das mit den Notverordnungen und welche Kommandos kann der Oberkommandierende des Bundesheers geben?

ARMIN WOLF: Peter, was ist denn der größte Irrtum oder das größte Missverständnis über den österreichischen Bundespräsidenten?

PETER FILZMAIER: Da gibt es gleich zwei: Viele Menschen glauben erstens, er sei sowieso nur Frühstücksdirektor und Staatsnotar, der sieben Tage in der Woche ein würdiges Wort zum Sonntag spricht und eine Menge Dinge unterschreibt, die andere verfasst haben und ihm vorlegen. Zweitens gibt es den Glauben an die Allmacht des Präsidenten, als wäre er eine Art österreichischer Superchef, der Regierung und Parlament alles Mögliche anschaffen kann. In Wahrheit hat er seine Kompetenzen im Wechselspiel mit Regierung und Parlament.

WOLF: Ist der Bundespräsident so etwas wie der Chef der Regierung?

FILZMAIER: Nein. Der Bundespräsident ernennt den Bundeskanzler und auf dessen Vorschlag die Ministerinnen und Minister. Aber er hat kein Weisungsrecht gegenüber der Regierung. Er gibt also keine Anweisungen, was zum Beispiel der Bildungsminister an den Schulen morgen und übermorgen tun soll.

WOLF: Darüber werden wir noch etwas ausführlicher reden. Aber beginnen wir mal grundsätzlich: Wer kann denn überhaupt Bundespräsident oder Bundespräsidentin werden? Was muss man für das prominenteste politische Amt in Österreich können?

FILZMAIER: Armin, ich weiß, dass du in Tirol geboren bist, aber ist man da österreichischer Staatsbürger?

WOLF: Nicht grundsätzlich, aber oft – ich bin es.

FILZMAIER: In deinem Fall also: ja. Bist du über 35 Jahre alt?

WOLF: Das ist jetzt ein bisschen uncharmant, dass du das fragst, aber: knapp!

FILZMAIER: Und die letzte und wichtigste Frage: Hand aufs Herz, bist du vorbestraft?

WOLF: Soweit ich weiß, nein.

FILZMAIER: Das würde man in Österreich wissen, wenn man vorbestraft ist. Damit könntest du formal für das Präsidentschaftsamt kandidieren. Denn man muss österreichischer Staatsbürger oder Staatsbürgerin sein, älter als 35 Jahre, und man darf nicht zu einer Haftstrafe von einem halben Jahr unbedingt oder einem Jahr bedingt verurteilt worden sein. Du erfüllst diese Kriterien.

WOLF: Aber ist das nicht ein bisschen wenig? Jeder Bäcker muss eine Lehre und eine Gesellenprüfung machen, damit er Bäcker werden darf. Jede Lehrerin muss studiert haben. Und als Bundespräsident muss ich nur halbwegs unfallfrei 35 werden und sonst muss ich nichts können?

FILZMAIER: Die Idee dahinter ist: Es soll jemand – oder fast jede und fast jeder – aus dem Volk sein können, wenn er oder sie vom Volk gewählt wird. Außerdem wäre es schwierig, eine Berufsgruppe als Voraussetzung zu definieren. Wir beide haben Politikwissenschaften studiert, aber es gibt eine Menge Menschen, die es nicht so toll finden würden, wenn wir sagen, Bundespräsident dürfen nur Politikwissenschaftler werden, weil das Amt mit nationaler und internationaler Politik zu tun hat. Genauso gut könnte man sagen, Bundespräsident sollte immer ein Jurist sein, weil er mit der Verfassung zu tun hat. Oder ein Militäroffizier, weil er ja formal Oberbefehlshaber des Bundesheeres ist. Oder ein Berufsdiplomat, weil er Österreich repräsentiert. Aber eine Person, die all das erfüllt, die würde man kaum finden.

WOLF: Wenn ich die österreichische Staatsbürgerschaft möchte, weil ich nicht hier geboren wurde, muss ich eine Prüfung machen – aber Bundespräsident geht einfach so?

FILZMAIER: Die Prüfung nennt sich Wahl. Wenn jemand so gar keine Ahnung von Österreich hat, fällt das den Wählerinnen und Wählern und auch den Medien in ihrer Kontrollfunktion wahrscheinlich und hoffentlich im Wahlkampf auf.

WOLF: Jetzt reden wir die ganze Zeit von dem Bundespräsidenten und nie von einer Bundespräsidentin. Gibt es in Wahrheit nicht noch eine Voraussetzung, um es werden zu können, nämlich dass man ein Mann ist? Es hat in Österreich noch nie eine Bundespräsidentin gegeben.

FILZMAIER: Das muss man vor allem den politischen Parteien vorwerfen, weil es immer nur jemand geworden ist, der von einer Partei zu ihrem Kandidaten gemacht wurde. Lange Zeit entweder von der SPÖ oder von der ÖVP und 2016 erstmals von den Grünen. Bisher hat keine Partei eine Frau nominiert, die auch gewonnen hat. Eigentlich waren nur zwei Mal Frauen relativ nahe dran: Benita Ferrero-Waldner von der ÖVP, die 2004 gegen Heinz Fischer verloren hat; und Irmgard Griss, 2016 unabhängige Kandidatin mit Unterstützung der NEOS, die fast in die Stichwahl gekommen wäre. Wer weiß, wie es dann ausgegangen wäre.

WOLF: Aber antreten können alle, die diese sehr geringen Voraussetzungen erfüllen und antreten wollen. Warum gibt es dann nicht jedes Mal hundert oder zweihundert oder tausend Kandidatinnen und Kandidaten? Da bewerben sich ja bei „Starmania“ mehr Menschen als für das wichtigste Amt im Staat. Ist der Job so uninteressant, oder ist er doch so schwer?

FILZMAIER: Es gibt schon noch eine Sache, die du schaffen müsstest, wenn du jetzt wirklich überlegst, bei der nächsten Präsidentschaftswahl zu kandidieren. Es genügt nicht, wenn du dir in der Früh unter der Dusche denkst: Das wäre doch fein, wenn ich Präsident werde. Sondern man muss für die Kandidatur mindestens 6.000 Unterstützungserklärungen sammeln. Das ist nicht ganz so einfach, weil es nicht genügt, wenn Menschen im Internet irgendetwas zur Unterstützung anklicken oder auf der Straße eine Liste unterschreiben. Das sind vielmehr formelle Unterstützungserklärungen, die dann auch beim Innenministerium als Wahlbehörde abgegeben werden müssen.

WOLF: Was kostet so ein Bundespräsidentschafts-Wahlkampf eigentlich?

FILZMAIER: Es gibt eine gesetzliche Obergrenze, wie bei allen Wahlkämpfen. Es darf nicht mehr als sieben Millionen Euro kosten. Allerdings nicht insgesamt: Diese Grenze gilt für jeden einzelnen Kandidaten und für jede einzelne Kandidatin. Nach unten gibt es keine Grenze. Wenn du meinst, du schaffst das, du gewinnst diesen Wahlkampf, ohne einen einzigen Cent auszugeben, ist das theoretisch bis auf eine kleine Gebühr auch möglich.

WOLF: Und wenn dann jemand gewählt ist – egal, ob mit viel Geld oder mit wenig –, was tut der oder die dann eigentlich den ganzen Tag? Was genau ist die *job description*?

FILZMAIER: Die Standardantwort wäre, der Präsident ernennt die Bundesregierung und entlässt sie allenfalls. Das könnte aber auch nur Arbeit für einen einzigen Tag von über 2.000 Tagen der Amtszeit sein, wenn es keine vorzeitigen Neuwahlen und Regierungswechsel gibt. Der Präsident vertritt aber Österreich auch nach außen. Er beurkundet alle Gesetze, unterschreibt Staatsverträge. Er begnadigt sogar verurteilte Straftäter und, und, und.

WOLF: Das alles gilt natürlich auch für eine Bundespräsidentin, wenn es mal eine gibt. Jetzt hast du schon erwähnt: Die wichtigste Kompetenz ist die Regierungsbildung. Der Bundespräsident ernennt den Bundeskanzler oder die Bundeskanzlerin, und da kann er laut Verfassung tatsächlich mehr oder weniger aussuchen, wen er will. Aber das ist nur theoretisch so. In der Praxis hat er dann doch viel weniger Auswahlmöglichkeiten. Warum?

FILZMAIER: Er kann jede erwachsene Person, die wiederum nicht vorbestraft ist, tatsächlich zum Regierungsmitglied machen. Allerdings hat der Nationalrat – eine Kammer des Parlaments – die Möglichkeit, eine Regierung mittels Misstrauensvotums abzuberufen. Wenn jetzt ein Bundespräsident einfach seine Ex-Schulkolleginnen oder seine früheren Kumpels aus dem Sportverein zu Regierungsmitgliedern machen würde, dann hätte diese Regierung wahrscheinlich eine Überlebensdauer von einem Tag. Sie würde sofort einem Misstrauensvotum im Nationalrat zum Opfer fallen.

WOLF: Der Bundespräsident kann aber sehr wohl einzelne Minister oder Ministerinnen ablehnen. Das ist auch schon passiert. Bundespräsident Thomas Klestil hat das im Jahr 2000 mit zwei FPÖ-Ministern gemacht, und auch Alexander Van der Bellen hat 2016 zwei Freiheitliche abgelehnt. Wie weit kann der Bundespräsident da gehen und bei der Personalauswahl in der Regierung mitreden?

FILZMAIER: Er kann es wirklich nach seiner persönlichen Meinung, Vorliebe oder Sympathie tun. Wobei es nicht im Sinn der Verfassung wäre, wenn er jemanden ablehnt, bloß weil ihm dessen Nase nicht gefällt. Die Ablehnung kann durchaus subjektiv sein, sollte jedoch auf politischer Überzeugung und Überlegung beruhen und nicht auf privatem Missfallen. Zum Beispiel hat Thomas Klestil im Jahr 2000 die zwei Politiker der FPÖ – Thomas Prinzhorn und Hilmar Kabas – als Minister abgelehnt, weil er deren Aussagen im Wahlkampf als rassistisch empfand.

WOLF: Der Bundespräsident kann aber auch ganze Parteien in der Regierung ablehnen. Auch das ist schon mehrmals vorgekommen, und zwar in den 1950er Jahren, ist also ewig lange her. Damals waren zwei Bundespräsidenten, die aus der SPÖ kamen, dagegen, dass der VdU, der Verband der Unabhängigen, also die Vorgängerpartei der FPÖ, in die Regierung kommt. Es kam dann auch nicht zustande. Andererseits weiß man ja, dass Thomas Klestil, den wir schon angesprochen haben, im Jahr 2000 keine Koalition aus ÖVP und FPÖ wollte, obwohl er selbst aus der ÖVP kam. Er hat sie dann trotzdem angelobt. Hätte er das nicht verweigern können?

FILZMAIER: Er hätte es verweigern können. Klestil hätte jedoch schauen müssen, wie dann eine Regierung zustande kommt. Denn eine der wichtigsten Fragen, wann immer der Präsident oder die Präsidentin etwas tut, lautet: Was passiert dann? Da diese beiden Parteien als Zweit- und Drittplatzierte in der Wahl – interessanterweise in der Reihenfolge FPÖ und ÖVP – eine Mehrheit im Nationalrat hatten, wäre es schwierig gewesen, irgendwelche anderen Personen zu Kanzler und zu Ministerinnen und Ministern zu machen. Früher oder später wäre das auf Neuwahlen hinausgelaufen. Für diesen Fall wurde ein noch deutlicherer Erfolg der FPÖ prognostiziert. Da wäre Klestil wieder vor derselben Situation gestanden.

WOLF: Er hat letztlich bei der Angelobung nur sehr finster geschaut.

FILZMAIER: Er hat eine symbolische Geste gewählt, die aber politisch genau gar nichts gebracht hat. Sein Steinerne-Miene-Gesicht war bloß das Bild des Jahres.

WOLF: Bisher reden wir von der Bildung der Regierung. Aber der Bundespräsident kann ja theoretisch noch etwas anderes machen, das im letzten Wahlkampf 2022 gleich von mehreren Kandidaten angekündigt wurde: Er kann die Regierung auch entlassen, wenn er unzufrieden ist. Geht das denn so einfach?

FILZMAIER: Das kann er als einzige Sache tun, ohne von irgendjemandem einen Vorschlag zu brauchen. Von der Regierung sowieso nicht, aber vom Nationalrat auch nicht. Wieder stellt sich aber das Problem: Was passiert dann? Es ist ein Irrglaube, dass es automatisch zu Neuwahlen kommt. Nein. Neuwahlen müssten im Nationalrat beschlossen werden. Der Bundespräsident würde somit vor dem Problem stehen: Ich muss eine neue Regierung finden, die gleichzeitig im Nationalrat eine Mehrheit hat. Dort entscheiden darüber aber dieselben Mehrheitsparteien, deren Vertreterinnen und Vertreter er gerade aus der Regierung geschmissen hat.

WOLF: Kann er der Regierung denn damit drohen, sie zu entlassen, wenn sie keine andere Politik macht? Könnte er so auch Einfluss auf die Tagespolitik nehmen und die Regierung dazu zwingen, etwas zu tun, das ihm wichtig ist?

FILZMAIER: Er kann damit drohen. Aber es würde wahrscheinlich eher sein Amt beschädigen, wenn er bei jedem einzelnen Gesetz, das auf eine Regierungsvorlage zurückgeht, sagt: Nein, ich will etwas anderes. Zum Beispiel: Ich will mehr Turnstunden in der Schule, daher bin ich gegen das Schulunterrichtsgesetz. Oder: Ich bin gegen irgendein Verkehrsgesetz, weil ich für Rechtsabbiegen bei Rot bin und das steht da nicht drin. Damit würde sich der Bundespräsident nicht beliebt machen, und auch wichtige Aussagen in Grundsatzfragen würden sich durch die tägliche Drohung zu allem und jedem bald abnützen. Da ist der Präsident besser beraten, wenn er sich nicht permanent in das politische Tagesgeschäft einmischt, obwohl er es theoretisch könnte. Das nennt man den „Rollenverzicht" des Bundespräsidenten und das haben auch alle bisherigen Amtsinhaber so gehalten.

WOLF: Du hast es schon gesagt: Wenn der Bundespräsident die Regierung entlässt, gibt es nicht automatisch Neuwahlen. Aber kann er auch das Parlament entlassen und Neuwahlen ansetzen?

FILZMAIER: Nein. Es gibt eine einzige Möglichkeit, die aber nicht den gedachten Kompetenzen des Bundespräsidenten in der Verfassung entspricht, sondern eher am Rande des Versuchs eines Staatsstreichs anzusiedeln wäre: Er könnte die Regierung entlassen, und seine Büromitarbeiterinnen und -mitarbeiter zum neuen Kanzler und neuen Ministerinnen machen. Diese neue Regierung schlägt ihm als ihre erste Amtshandlung sofort die Auflösung des Nationalrats vor. Den darf der Präsident nämlich nur auflösen, wenn es ihm von der Regierung vorgeschlagen wird. Danach kann der Nationalrat diese Regierung natürlich nicht mehr mit einem Misstrauensvotum abberufen.

WOLF: Aber was hat der Präsident davon?

FILZMAIER: In der Zeit bis zu Neuwahlen – es dauert aufgrund der Fristen ein paar Monate, bis diese stattfinden – könnte der Bundespräsident im Wechselspiel mit der Regierung – also mit seinen Ex-Büromitarbeiterinnen – versuchen, mit Notverordnungen sehr viel im Staat zu verändern. Das wäre freilich, wie gesagt, am Rande des Versuchs eines Staatsstreichs.

WOLF: Und warum wäre das am Rande eines Staatsstreichs, wenn es im Rahmen der Verfassung möglich ist?

FILZMAIER: Weil nicht vorgesehen ist, dass das Macht- und Kontrollverhältnis zwischen Regierung, Nationalrat und Präsident aufgelöst wird. Wenn ich meine Büromitarbeiterinnen, denen ich kurz vorher noch weisungsberechtigt war, dazu benütze, dass sie mir vorschlagen, den Nationalrat aufzulösen, so ist das ein Missbrauch der Verfassung. Wenn ich danach auch die Notverordnungen – sie sind eigentlich für

Situationen wie Naturkatastrophen gedacht, wenn der Nationalrat nicht zusammentreten kann – missbrauche, so ist das tatsächlich am Rande des Staatsstreichs.

WOLF: Lassen wir mal die Notverordnungen und die Büromitarbeiter beiseite. Wenn der Bundespräsident die Regierung rausschmeißt und eine andere Regierung ernennt – das könnten ja auch verdiente Beamte oder andere angesehene Menschen sein – und diese neue Regierung schlägt ihm dann die Auflösung des Parlaments vor, wäre das problematisch?

FILZMAIER: Das wäre grundsätzlich verfassungsrechtlich möglich. Die Frage ist nur: Sind das Personen, die in einem Naheverhältnis zum Bundespräsidenten stehen oder standen, und in Wahrheit von ihm oder seiner früheren Partei oder sonst wem abhängig sein könnten? Wenn dem nicht so ist, sondern ein echtes Expertenkabinett oder ein Beamtenkabinett wirklich der Meinung ist, das Parlament müsse aufgelöst werden, dann wäre es möglich.

WOLF: Aber eine Regierung, die wirklich nur zu dem Zweck ernannt wird, Neuwahlen vorzuschlagen, wäre ein Problem?

FILZMAIER: Ja.

WOLF: Warum braucht der Bundespräsident für praktisch alles einen Vorschlag der Bundesregierung?

FILZMAIER: Man wollte in Österreich nach Erfahrungen mit der Monarchie und dann einer Diktatur, nämlich der Nazizeit, schlicht und einfach zwischen den Staatsorganen ein Gleichgewicht schaffen. Dieses Gleichgewicht schafft man am besten dadurch, dass der Bundespräsident zwar eine Fülle von Kompetenzen hat, aber vieles nicht allein machen darf.

WOLF: Und was passiert, wenn er keine Vorschläge von der Bundesregierung bekommt? Hat er dann nichts zu tun?

FILZMAIER: Vertreter der Republik nach außen bleibt er trotzdem. Staatsbesuche sind möglich. Ansonsten bleibt außer Verleihungen von Orden nicht viel.

WOLF: Du hast es vorhin schon erwähnt: Der Bundespräsident kann sogenannte Notverordnungen erlassen. Das heißt: Er könnte auch ohne das Parlament Gesetze ändern. Wozu ist das gut? Ist das nicht undemokratisch?

FILZMAIER: Gedacht ist es nur für Ausnahmesituationen. Wenn der Nationalrat, die Volksvertretung also, nicht zusammentreten kann. Beispielsweise nach Naturkatastrophen wie Hochwasser, die eine Anreise zu den Nationalratssitzungen verhindern, oder bei einem Kriegsausbruch. Oder – und da waren wir schon mal nahe dran – wenn bei einer Pandemie zu viele Abgeordnete zugleich infiziert sind und sich nicht treffen dürfen, um nicht alle anderen anzustecken. In so einer Situation darf der Bundespräsident mit Notverordnungen regieren. Allerdings nur im Wechselspiel und in Absprache mit der Bundesregierung und mit dem Hauptausschuss des Nationalrats. Er darf zudem keine Notverordnungen erlassen, die langfristige Budgetwirkungen haben. Das heißt: Zu viel Geld ausgeben darf er nicht.

WOLF: Wir haben es schon angedeutet, aber im allerextremsten Fall: Könnte ein Bundespräsident auf diese Weise die Demokratie aushebeln, indem er den Nationalrat auflöst und mit Notverordnungen reagiert, und so eine Art Präsidentendiktatur in Österreich einführen?

FILZMAIER: Es müsste die von ihm ins Amt gerufene Regierung bei seinen diktatorischen Absichten mitspielen, weil er das Notverordnungsrecht nur im Wechselspiel mit dieser ausüben darf. Und der

Hauptausschuss des Nationalrats – das ist eine kleinere Gruppe von Abgeordneten, die sich vielleicht doch treffen können – müsste genauso mitspielen.

WOLF: Bleiben wir beim Normalzustand, dass also das Parlament die Gesetze beschließt. Der Bundespräsident muss aber jedes Gesetz noch unterschreiben, damit es in Kraft treten kann. Kann er diese Unterschrift verweigern, wenn ihm ein Gesetz nicht passt?

FILZMAIER: Dazu eine Gegenfrage: Wie zwingt man einen Bundespräsidenten, dass er etwas unterschreibt? Die Folter ist verboten.

WOLF: Und das ist auch sehr gut so. Aber wenn man den Präsidenten nicht zwingen kann, könnte er dann auch die Gesetzgebung beeinflussen, indem er einfach bei Gesetzen, die ihm nicht gefallen, sagt: Das unterschreibe ich nicht?

FILZMAIER: Inhaltlich beeinflussen könnte er die Gesetzgebung auf diese Art nicht, aber blockieren. Es ist in der Verfassung so gedacht, dass er nicht je nach seiner Stimmungslage willkürlich unterschreibt oder nicht unterschreibt, sondern dass er das verfassungsgemäße Zustandekommen beurkundet. Wenn also beispielsweise etwas als Gesetz im Nationalrat beschlossen wurde, obwohl zu wenige Abgeordnete anwesend waren oder eine Frist nicht eingehalten wurde, dann soll der Bundespräsident sagen: Nein, das beurkunde ich nicht, zurück an den Start, ihr müsst das ordnungsgemäß beschließen.

WOLF: Aber wenn er das Gesetz inhaltlich schlecht findet, soll er es trotzdem unterschreiben, solange es formal in Ordnung ist?

FILZMAIER: Ja. Es ist nicht so gedacht, dass ein Präsident nach seiner Privatansicht mittels Unterschriftsverweigerung mitbestimmt, welche Schulfächer es laut Schulunterrichtsgesetz geben soll oder nicht.

Oder wie viele Mathematikstunden unterrichtet werden sollen. Tun könnte er das theoretisch, aber so blockiert er ja bloß alles. Also soll er in so einem Fall unterschreiben, egal ob er sich selbst in der Schule mehr oder weniger Mathematik wünscht.

WOLF: In der Praxis ist das bisher nur zwei Mal vorgekommen: Präsident Van der Bellen hat ein internationales Handelsabkommen nicht unterschrieben, weil er auf ein Urteil des Europäischen Gerichtshofs dazu warten wollte. Und sein Vorgänger Heinz Fischer hat die Unterschrift verweigert, weil in einem Gesetz eine rückwirkende Strafbestimmung enthalten war, die er für verfassungswidrig gehalten hat. Tatsächlich könnte ein Bundespräsident aber versuchen, wirklich alle Kompetenzen auszunützen, die in der Verfassung möglich sind. Das ginge. Aber es wäre ein Problem, oder?

FILZMAIER: Es würde im Regelfall eben zu Blockadesituationen führen. Er unterschreibt die Gesetze nicht, er kann aber auch keine neuen machen. Dann haben wir kein Gesetz. Da kann man sagen: Das wäre auch egal. Aber weil Gesetze unser Zusammenleben regeln, sind sie in vielen Bereichen einfach notwendig.

WOLF: Immer wieder hören wir: Der Bundespräsident ist Oberbefehlshaber des Bundesheers. Was bedeutet das? Kann er das Heer in einen Krieg schicken? Oder könnte er – um friedlicher zu bleiben – einen Trupp Soldaten vor seinem Hauseingang Schnee schaufeln lassen?

FILZMAIER: Nein, Armin, tut mir leid, es kann kein Zusatzmotiv für dich sein, Bundespräsident zu werden, nur damit du dann immer Schnee geschaufelt bekommst vor deiner Eingangstür! Er ist der Oberbefehlshaber im formalen Sinn, aber nicht operativ. Das ist laut Wehrgesetz die Verteidigungsministerin oder der Verteidigungsminister. Der Bundespräsident entsendet keine Truppen von Oberstinkenbrunn nach Unterstinkenbrunn und zurück. Er hat ein Informationsrecht in allen militärischen Angelegenheiten als formaler Oberbefehlshaber, und er ist für Einberufungen und Angelobungen zuständig. Wobei das mit den Einberufungen in einem Krisenfall, bei Mobilmachungen, durchaus eine Machtposition sein kann.

WOLF: Was ist denn in der Praxis die größte Macht des Präsidenten?

FILZMAIER: Es ist die Angelobung und allenfalls die Entlassung einer Regierung. Er ist dabei nicht völlig frei, sondern muss realpolitisch die Mehrheitsverhältnisse im Nationalrat berücksichtigen, aber er hat doch einen Gestaltungsspielraum. Denn oft sind ja mehrere Koalitionsmehrheiten möglich, und er kann schon versuchen, Präferenzen auszudrücken und durchzusetzen.

WOLF: Die Stellung und die Kompetenzen des Bundespräsidenten waren ja nicht immer so. Als nach dem Ersten Weltkrieg Monarchie und Kaiser abgeschafft wurden, gab es zuerst gar keinen eigenen Präsidenten. Erst mit der Verfassung von 1920 wurde das Amt eingeführt, aber der Bundespräsident wurde damals noch vom Parlament gewählt, war nur vier Jahre im Amt und hatte weniger Kompetenzen. 1929 ist die Verfassung dann noch mal geändert worden, seither wählt das Volk den Präsidenten, und zwar für sechs Jahre, und er hat mehr Macht, vor allem bei der Regierungsbildung. Warum hat man das damals geändert?

FILZMAIER: Man wollte nach der Monarchie zunächst möglichst viele Kompetenzen für das Parlament, wo ja im Nationalrat die gewählten Volksvertreterinnen und Volksvertreter sitzen. Nur waren das Parlament sowie die dortigen Parteien und die Regierung in den zwanziger Jahren heftig zerstritten und dadurch entscheidungsschwach. Also sollte der Präsident als ordnende Hand gestärkt werden. Der Kompromiss für die entsprechende Verfassungsänderung war übrigens so ziemlich die letzte Übereinstimmung, die man im Parlament noch zustande brachte.

WOLF: Trotzdem gab es die erste Volkswahl erst viele Jahre später, nämlich 1951. Warum hat das so lang gedauert?

FILZMAIER: Weil Österreich aufhörte, eine Demokratie zu sein. Zur Zeit des Austrofaschismus, im sogenannten Ständestaat von 1934 bis 1938, wurde das Verfassungsgesetz von 1929 ignoriert und der 1928 erstmals gewählte Wilhelm Miklas blieb bis zum März 1938 Bundespräsident. Nach dem „Anschluss" an Nazideutschland gab es das Amt sowieso nicht mehr. 1945 hat der Rat der alliierten Besatzungsmächte die Änderung von 1929 ebenfalls nicht anerkannt, und es wählte wieder das Parlament Karl Renner als Präsidenten. Er starb vor dem Ende seiner Amtszeit, und nach einer vorübergehenden Führung der Präsidentengeschäfte durch Bundeskanzler Figl gab es die erste Volkswahl.

WOLF: Jetzt mal ganz grundsätzlich gefragt: Brauchen wir überhaupt einen Bundespräsidenten oder eine Bundespräsidentin? In der Schweiz zum Beispiel machen das die Ministerinnen und Minister hintereinander, jeweils ein Jahr lang, und das scheint ja auch zu funktionieren.

FILZMAIER: Für die laufenden Angelegenheiten oder auch für die Vertretung nach außen funktioniert das wunderbar. Aber Macht und Kontrolle zwischen Regierung und Präsident kann so naturgemäß nicht funktionieren. Wie soll das gehen? Der Präsident hätte die Regierung zu kontrollieren und ist auch Teil der Regierung. Er kontrolliert sich also selbst. Die Schweiz hat da mit ihren verpflichtenden Volksentscheiden ein anderes Regulativ, bei uns würde das viel zu viel Macht der Regierung bewirken.

WOLF: Noch ein paar ganz praktische Fragen: Der Bundespräsident hat 2022 exakt 26.252 Euro brutto im Monat verdient. Das sind ungefähr 3.000 Euro mehr, als der Bundeskanzler bekommt, und auch mehr als der deutsche Bundespräsident, obwohl Deutschland fast zehn Mal so viele Einwohnerinnen und Einwohner hat wie Österreich. Ist das gerecht?

FILZMAIER: Das Präsidentengehalt ist ja kein Kopfgeld und auf Wienerisch gesagt: Die „Hackn" ist im Wesentlichen dieselbe, egal, ob in Österreich neun Millionen Menschen leben oder in Deutschland rund zehn Mal mehr.

WOLF: Der deutsche Bundespräsident hat auch eine Dienstvilla, in der er wohnt. Das hatten wir in Österreich auch lange, aber diese Präsidentenvilla in Wien-Döbling wurde 2010 abgerissen, weil die Renovierung zu teuer gewesen wäre. Der Bundespräsident wohnt aber auch nicht in der Hofburg in der Wiener Innenstadt, in seinem Amtssitz, wo er arbeitet. Anders als der amerikanische Präsident, der ja im Weißen Haus auch wohnt. Wo wohnt der Bundespräsident?

FILZMAIER: In seiner Wohnung. Sollte er ein Kleingartenhaus haben, dann wohnt er in seinem Schrebergarten. Es gibt keinen offiziellen Dienstsitz und schon gar keine Villa mehr. Das einzige Privileg ist, dass während der Amtszeit der Staat die Miete bezahlt. Nur bei einer Eigentumswohnung hat der Präsident diesbezüglich eben Pech gehabt.

WOLF: Und dann gibt es noch die „First Lady", die Frau des Präsidenten. Aber gibt es die überhaupt?

FILZMAIER: Formal in der Verfassung gibt es sie nicht. Denn es könnte ja auch eine Frau Präsidentin werden und einen „First Husband" haben. Es darf aber auch eine Frau, die mit einer Frau in Partnerschaft lebt, Präsidentin werden. Genauso ein Mann in einer Beziehung mit einem Mann, und selbstverständlich auch ein Single beiderlei Geschlechts. Also kann es auch gar keine First Lady geben, die in der Verfassung vorgeschrieben ist. Das würde ja übel diskriminierend sein, dann dürften ja immer nur heterosexuell verheiratete Männer kandidieren.

WOLF: Trotzdem hat die Frau des gegenwärtigen Bundespräsidenten ein eigenes Büro in der Hofburg, wie auch schon die Frau seines Vorgängers Heinz Fischer. Warum das, wenn es die First Lady in der Verfassung gar nicht gibt?

FILZMAIER: Kurios ist eher, dass darüber wenig diskutiert und gestritten wird. Dieses Büro ist formal möglich, wenn das Parlament das insofern gutheißt, als die Budgetmittel dafür im Bundesfinanzgesetz direkt oder indirekt bereitgestellt werden. Warum wir in Österreich darüber aber nicht politisch streiten, das weiß ich nicht.

WOLF: Die Amtszeit des Bundespräsidenten dauert sechs Jahre. Und man kann nur einmal wiedergewählt werden. Warum eigentlich? Bundeskanzler oder Landeshauptfrau kann man theoretisch jahrzehntelang bleiben. Warum nicht Bundespräsident?

FILZMAIER: Das kann man demokratiepolitisch kritisieren. Denn wenn jemand in einer Demokratie immer wieder kandidieren will und eine Mehrheit wäre bereit, ihn oder sie zu wählen, warum nicht. Geschichtlich schaut es ein bisschen anders aus: Man hatte Kaiser auf Lebenszeit, die konnten ihr Amt sogar noch an die Kinder weitergeben durch Erbe. Das wollte man nicht mehr und auch keinen ewigen Amtsinhaberbonus als Wiederwahlvorteil, und daher erschien eine Beschränkung der Amtszeit passend.

WOLF: Der Bundespräsident kann auch seines Amtes enthoben werden – im Gegensatz zu einem Kaiser oder einer Kaiserin. Das ist noch nie vorgekommen, es wäre auch ziemlich kompliziert, würde aber gehen. Wie?

FILZMAIER: In der Tat ist es sehr kompliziert. Es wäre möglich durch eine Volksabstimmung. Die findet aber nicht einfach mal so statt, sondern sie müsste von der Bundesversammlung beschlossen werden. Die Bundesversammlung ist ein gemeinsames Treffen von Abgeordneten im Nationalrat und im Bundesrat, also den Kammern des Parlaments, und auch diese trifft sich nicht einfach so: Eine Zweidrittelmehrheit im Nationalrat müsste dieses Treffen extra beschließen. Das ist also alles schon sehr unwahrscheinlich.

WOLF: Was aber, wenn es doch passiert?

FILZMAIER: Wenn es dazu kommen sollte und es gibt eine Mehrheit in der Volksabstimmung, so ist der Präsident oder die Präsidentin weg. Wenn allerdings diese Mehrheit nicht zustande kommt, wird der Nationalrat – dieser hat den gescheiterten Abwahlprozess ja eingeleitet – aufgelöst und es gibt Neuwahlen.

WOLF: Das ist noch nie vorgekommen, wie gesagt. Um es jetzt noch einmal zusammenzubinden: Wir haben gelernt, dass der Bundespräsident in der Verfassung ziemlich viele Möglichkeiten hat, aber in der Praxis nicht annähernd so mächtig ist, wie es theoretisch aussieht. Trotzdem versprechen in jedem Wahlkampf Kandidaten, dass sie besonders aktive und starke Präsidenten sein werden und ein Gegengewicht zur Regierung. Warum tun sie das, wenn das gar nicht realistisch ist?

FILZMAIER: Na ja, das Gegenteil wäre die Ansage „Ich werde ein passiver Nichtstuer sein“. Das als Slogan ist im Wahlkampf wahrscheinlich wenig Erfolg versprechend. Teilweise gibt es auch die Erwartungshaltung der Bevölkerung nach einem starken Präsidenten, und Politiker im Wahlkampf bedienen das gerne. Es können zudem parteitaktische Interessen dahinterstecken. Zum Beispiel: Ein Kandidat einer Oppositionspartei will die Regierung im Wahlkampf kritisieren. Selbst wenn er glaubt, ich gewinne das Ding nicht, wird die Medienbühne eines vielwöchigen Wahlkampfs für scharfe Regierungskritik genutzt. Dazu gehören vollmundige Ankündigungen wie „Ich werde bei der Regierungsbildung ein starker Präsident sein“ oder gar „Ich werde die Regierung rausschmeißen“.

WOLF: Letzte Frage: Wenn du bei den Regeln für das Präsidentenamt oder bei den Kompetenzen des Bundespräsidenten ganz allein irgendetwas ändern könntest, was wäre das?

FILZMAIER: Ich würde das Begnadigungsrecht für verurteilte Straftäter abschaffen. Ich bin für vorzeitige Entlassungen, doch das kann das Justizministerium wunderbar allein. Dafür brauchen wir keinen Präsidenten mit Begnadigungsrecht. Er ist weder Kaiser noch Papst.

2

Die Regierung

Was tut die Bundesregierung genau? Was muss ein Bundeskanzler oder eine Kanzlerin können? Sind manche Regierungsmitglieder Universalgenies, weil sie hintereinander das Gesundheits-, das Verkehrs- und das Sozialministerium führen? Macht in Wahrheit die Regierung die Gesetze?

ARMIN WOLF: Was ist denn der größte Irrtum, das größte Missverständnis über die Regierung?

PETER FILZMAIER: Da fallen mir zumindest zwei ein: Erstens, die Regierung würde die Gesetze machen. Denn zumindest beschlossen werden Gesetze immer noch im Parlament. Zweiter Irrtum: Ministerinnen und Minister wären immer Spezialisten und Fachleute in ihrem Gebiet. Stimmt auch nicht.

WOLF: Aber warum eigentlich nicht? Was muss eine Ministerin oder ein Minister können? Ist es nicht sinnvoll, wenn der Gesundheitsminister Medizin studiert hat oder wenn die Bildungsministerin mal an einer Uni oder Schule tätig war?

FILZMAIER: Klingt einfach, ist aber nicht einfach. Die Zuständigkeiten sind vielfältiger. Armin, kennst du dich gleich gut aus mit Beamtendienstrecht, mit Fußball und mit Staatsoper?

WOLF: Im Fußball kenne ich grob die Regeln, in der Staatsoper war ich schon gelegentlich, im Beamtendienstrecht könnte ich Schwächen haben.

FILZMAIER: Dann bist du rein von der Fachkompetenz her ungeeignet als aktueller Vizekanzler. Doch selbst als Spezialist für das Beamtendienstrecht wärst du nur zu einem Drittel geeignet: Denn nach den momentanen Zuständigkeiten des Vizekanzlers ist dieser in seinem Ressort erstens verantwortlich für den öffentlichen Dienst, also für all das, was man früher Beamte genannt hat. Zweitens aber für den Sport, und drittens auch noch für den gesamten Kulturbereich. Und der von dir angesprochene Gesundheitsminister ist derzeit zugleich Sozialminister – falls er also Mediziner wäre, warum sollte er dann ein guter Sozialminister sein? Es wäre vom derzeitigen Minister, einem gelernten Sozialarbeiter, ein bisschen viel verlangt, dass er auch noch Medizin studiert hat.

WOLF: Da müsste man also je nach Regierungsamt ziemlich viel nachlernen.

FILZMAIER: Nicht einmal das ist realistisch, weil sich die Zuständigkeiten eines Regierungsmitglieds verändern können. Du könntest beim Fußball ja vielleicht nachlernen, das traue ich dir sogar zu, obwohl du ein bisschen ein Sportbanause bist. Früher war aber die Landesverteidigung mit dem Sport ministeriell kombiniert. In dem Fall müsstest du also auch noch zum Panzerexperten werden. Solche Wunderwuzzis und Alleskönner würde man in der Politik nicht finden.

WOLF: Aber was muss man dann können als Regierungsmitglied?

FILZMAIER: Es gibt drei allgemeine Qualifikationen: Fachkompetenz, Organisationskompetenz und Kommunikationskompetenz. Als Generalist schadet Fachkompetenz natürlich nicht. Ein ahnungsloser Idiot zu sein, das wäre nicht hilfreich für den Job. Zudem muss man in einem riesigen Ausmaß Organisations- und Managementkompetenz haben. Denn Ministerinnen und Minister sind ja sowohl für ein Milliardenbudget als auch für viel Personal verantwortlich. Das ist je nach Ministerium unterschiedlich, aber aufgrund der vielen Lehrerinnen und Lehrer hat der Bildungsminister über 100.000 Menschen als Personal zu managen. Schließlich muss man genauso Kommunikationskompetenz haben, da es ein öffentliches Amt ist. In einer Demokratie haben sich Amtsinhaberinnen und Amtsinhaber zu erklären – nicht zuletzt in den Medien, bei dir ja auch. Alle diese Eigenschaften zu vereinen ist wirklich verdammt schwierig.

WOLF: Warum ist es dann manchmal so, dass in bestimmten Ministerien immer Fachleute sitzen, zum Beispiel im Justizministerium, das immer von Juristinnen oder Juristen geleitet wird, und in anderen ist es ganz unterschiedlich? Es werden zum Beispiel selten Berufssoldaten

Verteidigungsminister, dafür aber einmal ein ehemaliger Zivildiener oder eine Frau, die auch nie beim Bundesheer war.

FILZMAIER: Beim Justizministerium ist es einfacher. Das war noch nie mit anderen Fachbereichen kombiniert, und das Aufgabengebiet Recht ist sehr klar abgrenzbar. Bei der Landesverteidigung ist das zugegeben auch so, obwohl diese Zuständigkeit schon einmal mit dem Sport zusammengelegt wurde. Aber da hat man eher historische Bedenken gegen aus dem Militär kommende Minister gehabt: aus Angst vor einem Putsch und vor totalitären Absichten. Häufig war man daher der Ansicht, dass eine zivile Führung, ein ziviler Oberbefehl über das Bundesheer besser ist als ein rein militärischer. Es kann also von der Kompetenz her natürlich ein Offizier Verteidigungsminister sein, aber öfter ist es aus demokratiepolitischen Gründen eine Zivilperson.

WOLF: Nun gibt es ja auch noch die Bundeskanzlerin oder den Bundeskanzler – den Regierungschef, wie man auch sagt. Mit einer Ausnahme, nämlich Brigitte Bierlein im Jahr 2019 als Kanzlerin der Übergangsregierung nach dem Ibiza-Skandal, war das bisher immer ein Mann. Der Kanzler darf dem Bundespräsidenten die Ministerinnen und Minister zur Ernennung vorschlagen, er sucht sie also aus. Aber ist er dann auch ihr Chef? Kann der Kanzler einer Ministerin was anschaffen?

FILZMAIER: Nein. Was die Macht betrifft: Während der Regierungszeit ist der Kanzler oder die Kanzlerin in gewisser Hinsicht ein ziemlich armes Schwein, denn er oder sie hat keine Befehls- oder Weisungskompetenz und nicht einmal eine Richtlinienkompetenz, wie es sie zum Beispiel in Deutschland gibt. Also rein formal kann der Kanzler oder die Kanzlerin nicht einmal sagen: Dieses Thema muss in diesem oder jenem Ministerium jetzt gefälligst behandelt werden.

WOLF: Aber was kann der Bundeskanzler dann tun, wenn er mit einem Regierungsmitglied unzufrieden ist?

FILZMAIER: Zunächst gibt es eine informelle Macht, denn man ist im Regelfall – mit Ausnahme einer Expertenkanzlerin, die wir mit Brigitte Bierlein kurz hatten – auch Parteichef, und da hat man zumindest Einfluss auf die Mitglieder der eigenen Partei in der Regierung. Beim Koalitionspartner schaut es ohnedies schon wieder anders aus. Und man hat hoffentlich das Personal gut ausgesucht, denn wer Minister oder Ministerin wird, das wird vom Kanzler oder der Kanzlerin dem Bundespräsidenten zur Angelobung vorgeschlagen.

WOLF: Aber nach dieser Auswahl muss der Kanzler eine ganze Regierungsperiode lang – also bis zu fünf Jahre – alles akzeptieren, was die von ihm vorgeschlagenen Leute tun?

FILZMAIER: Im Extremfall könnte der Kanzler auch jemanden wieder zur Entlassung vorschlagen – das wird aber dann schwierig, ohne eigenes Versagen einzugestehen, denn man hat ja die Person vorher selbst ausgewählt oder wenigstens als Wunsch des Koalitionspartners akzeptiert und mit ihr zusammengearbeitet.

WOLF: Das ist tatsächlich erst einmal vorgekommen in den letzten 70 Jahren, nämlich als Sebastian Kurz – nach der Ibiza-Affäre – FPÖ-Innenminister Herbert Kickl zur Entlassung vorgeschlagen hat.
Bleiben wir noch beim Bundeskanzler: Ist er der mächtigste Politiker im Land?

FILZMAIER: Nein. Die Regierung ist ein sogenanntes Kollegialorgan. Alle Regierungsmitglieder sind gleichwertig. Der Kanzler ist da nur Erster unter Gleichen. Bisherige Kanzler konnten, wenn sie sehr populär waren – parteiintern wird man meistens sehr populär, wenn man Wahlen sehr überzeugend gewonnen hat –, aufgrund dieses Status mit ihrer Überzeugungskraft natürlich sehr viel beeinflussen. Aber die formale Macht des Bundeskanzlers ist äußerst beschränkt.

WOLF: Was müssen ein Bundeskanzler oder eine Kanzlerin eigentlich können? Ein eigenes Ministerium führt man da ja nicht.

FILZMAIER: Es geht um Koordinations- und Kommunikationskompetenz. Er oder sie kann sich als eine Art Koordinationsstelle der Regierung verstehen, die versucht, gemeinsame Linien vorzugeben. Manche Regierungschefs verstehen sich aber auch in erster Linie als Chefkommunikator in der Öffentlichkeit. Was ein Bundeskanzler keinesfalls sein sollte, ist Cheflobbyist für Teilgruppen der österreichischen Gesellschaft, denn man ist für alle hier lebenden Menschen zuständig.

WOLF: Kanzler oder Kanzlerin werden ja vom Bundespräsidenten ernannt. Aber muss man sich dafür eigentlich vorher einer Wahl gestellt haben?

FILZMAIER: Nein, das ist nicht vorgeschrieben. Es ist üblich, dass man Spitzenkandidat oder -kandidatin der jeweiligen Partei ist, die zur Kanzlerpartei wird. Aber theoretisch kann das jeder erwachsene Österreicher oder jede erwachsene Österreicherin werden. Egal, ob jemand bei der Wahl vorher auf einer Parteiliste stand oder nicht.

WOLF: Es können also auch sogenannte Quereinsteiger sein. Wie zum Beispiel 2016 Christian Kern von der SPÖ, der vorher Chef der ÖBB war und weder Abgeordneter im Parlament noch sonst Politiker. Ist so was eine gute Idee, quasi von null auf Regierungschef?

FILZMAIER: Kern war vor seinem Wechsel in die Wirtschaft Mitarbeiter eines Staatssekretärs im Bundeskanzleramt und Pressesprecher des Parlamentsklubs der SPÖ. Also hat er hoffentlich nicht null Vorwissen gehabt. Es gibt aber wirklich immer Diskussionen darüber, warum in der Verfassung nicht verlangt wird, vor der Kanzlerschaft ins Parlament gewählt worden zu sein. Der Kritikpunkt ist, ob nicht ein Kanzler oder eine Kanzlerin vor der Ernennung auch eine solche demokratische Legitimation als Volksvertreter haben sollte. Wenn jemand theoretisch bisher Spitzenfußballer war und noch nicht mal wusste, was eine Wahl ist, dann wäre das kaum ausreichend. Aber möglich ist es.

WOLF: Es gibt keinerlei Vorkehrung dagegen, dass jemand, der null Ahnung von Politik hat, die Regierung anführen könnte – ernsthaft?

FILZMAIER: Das Regulativ und die Legitimation ist der direkt gewählte Bundespräsident. Dieser muss ja den Kanzler oder die Kanzlerin ernennen und wird sicher nicht irgendjemanden nehmen, der landesweit als komplett ahnungsloser Schwachdenker bekannt ist. Umgekehrt soll nicht jeder Kanzlerwechsel, der ja auch aus einem tragischen Grund wie einem Todesfall erfolgen könnte, automatisch zu Neuwahlen führen. Das entscheidet von Fall zu Fall die Mehrheit im Parlament.

WOLF: Normalerweise werden ja Chef oder Chefin der stärksten Partei Kanzler oder Kanzlerin. Es war aber auch mal anders, nämlich im Jahr 2000. Damals war die ÖVP nur Dritte, Wahlsieger war die SPÖ. Aber dann hat die FPÖ als zweitstärkste Partei geholfen, den Chef der drittstärksten Partei, ÖVP-Chef Wolfgang Schüssel, zum Bundeskanzler zu machen. War das demokratisch?

FILZMAIER: Ja, das ist nicht nur in der Verfassung vorgesehen, sondern es gibt eben viele Möglichkeiten, wie eine Mehrheit im Parlament gebildet wird. Denn im Regelfall – mit Ausnahme einer Minderheitsregierung, das gab es aber erst einmal, 1970/71 – wird der Bundespräsident Regierungsmitglieder aus jenen Parteien angeloben, die im Parlament gemeinsam eine Mehrheit haben und die auch zusammenarbeiten wollen.

WOLF: Das müssen aber nicht zwangsläufig die Parteien sein, die bei der Wahl Erste und Zweite geworden sind?

FILZMAIER: Das kann der Erstplatzierte einer Wahl mit der zweit-, dritt-, viert- oder fünftplatzierten Partei sein. Das können aber auch die zweit- und die drittplatzierte Partei sein oder Dreiermehrheiten und so weiter. Es muss auch so viele Möglichkeiten geben, weil wir ja nicht vorher wissen, wie eine Wahl ausgeht und welche Mehrheiten politisch machbar sind, statt nur rein rechnerisch möglich.

WOLF: Das heißt, solange eine Regierung im Parlament eine Mehrheit hat, ist sie demokratisch?

FILZMAIER: Ja, und es ist auch eine Minderheitsregierung demokratisch, solange sie keine Mehrheit gegen sich hat. Die Frage ist hier nur: Wie lange überlebt sie, bis die anderen Parteien sie zu Fall bringen? Es wäre übrigens schwierig zu sagen, die erstplatzierte Partei soll immer den Kanzler oder die Kanzlerin stellen. Denn im vorigen Jahrhundert hatten wir ein Wahlrecht, wo es theoretisch möglich gewesen wäre, dass eine Partei knapp mehr Stimmenprozente hat, aber ein Mandat weniger als die andere Partei im Nationalrat. Was zählt dann? Wer ist dann Erster?

WOLF: Das ist auch wirklich passiert, 1953 und 1962, da war beide Male die SPÖ bei den Stimmen knapp vorn, aber die ÖVP hatte wegen des Wahlrechts beide Male im Nationalrat ein Mandat mehr.
Wie oft kann der Bundeskanzler oder die -kanzlerin eigentlich wechseln, ohne dass man vorher neu wählen muss? Wir haben ja 2021/22 innerhalb eines halben Jahres drei verschiedene Bundeskanzler gehabt – Sebastian Kurz, Alexander Schallenberg und Karl Nehammer –, ohne dass es dazwischen Neuwahlen gab. Das ist offensichtlich möglich. Aber ist es auch demokratisch?

FILZMAIER: Ein Kanzlerwechsel wäre sogar täglich möglich: Ein Kanzler kann zurücktreten oder einem Misstrauensvotum im Parlament, konkret im Nationalrat, zum Opfer fallen. Der Bundespräsident muss dann jemand Neuen angeloben. Das schafft man Tag für Tag: Das eine vormittags, das andere nachmittags. Wenn es dann am nächsten Vormittag das nächste Misstrauensvotum gibt, wäre nachmittags der nächste Wechsel möglich. Demokratisch ist es, für die politische Stabilität ist es aber sicher nicht hilfreich.

WOLF: Kommen wir wieder zurück zur Regierung. Nun ist ja interessanterweise nirgendwo festgelegt, wie viele Regierungsmitglieder es überhaupt geben muss und für welche Themenbereiche es Ministerien gibt. In der Verfassung sind nur zwei Ministerien wörtlich angeführt, das Finanzministerium und das Innenministerium. Alles andere kann jede Regierung für sich selbst regeln. Trotzdem gibt es manche Ministerien immer. Es gibt zum Beispiel immer ein Verteidigungsministerium oder ein Außenministerium, andere wechseln oder werden zusammengelegt oder überhaupt neu erfunden. Das Klimaministerium ist zum Beispiel ziemlich neu. Das Frauenministerium gibt es erst seit 1990. Wie funktioniert das?

FILZMAIER: Es gibt ein Bundesministeriengesetz und in diesem steht, wie viele und welche Ministerien wir mit welchen Zuständigkeiten haben. Jede neue Regierungsmehrheit im Parlament kann ein neues Bundesministeriengesetz beschließen. Natürlich hat man da auch das Recht, politisch die Zuständigkeiten und Inhalte der einzelnen Ministerien zu gestalten. Wenn also aus politischen Gründen gemeint wird, ein eigenes Frauenministerium macht Sinn zwecks Geschlechtergerechtigkeit, kann man so ein Ministerium schaffen. Man könnte genauso sagen, Jugendpolitik wäre viel zu wichtig, als dass bloß eine Jugendsektion seit Jahrzehnten zwischen verschiedensten Ministerien als Wanderpokal hin und her geschoben wird. Doch ein Ministerium für die Jugend wurde in Österreich bisher noch nie eingerichtet.

WOLF: Mit Stand Februar 2023 gibt es einen Bundeskanzler, dreizehn Minister und Ministerinnen und vier Staatssekretariate. Ist das im internationalen Vergleich viel oder wenig?

FILZMAIER: Das kommt auf die Vergleichsgröße an. In der Schweiz hat man beispielsweise deutlich weniger Regierungsmitglieder, nämlich nur sieben. Es gibt auch Länder mit mehr Mitgliedern der Regierung, etwa momentan 20 in Finnland. Die Qualität der Regierung und ihrer Arbeit hängt nicht von der Zahl ihrer Mitglieder ab. Wenn eine Regierung schlecht ist, hilft es nichts, wenn wir fünf Minister und Ministerinnen mehr haben. Ist eine Regierung gut, wäre sie wahrscheinlich auch mit ein paar Mitgliedern weniger gut.

WOLF: Reden wir noch kurz über die Staatssekretariate. Das sind natürlich nicht wirklich Sekretäre oder Sekretärinnen, sondern Berufspolitikerinnen und -politiker. Was viele Menschen nicht wissen: Sie sind formal nicht Teil der Regierung. Aber was sind sie dann?

FILZMAIER: Sie haben eine komische Zwitterfunktion. Formal sind sie Hilfskräfte des jeweiligen Ministers oder der jeweiligen Ministerin. Realpolitisch wird ihnen manchmal ein eigenes Aufgabengebiet übertragen. Also gibt es beispielsweise eine Staatssekretärin für den Kulturbereich, weil wie besprochen das gesamte Ressort vom Beamtendienstrecht bis zum Sport noch so viel mehr Dinge umfasst. Manchmal haben Staatssekretärinnen und Staatssekretäre auch ein bisschen eine Aufpasserfunktion.

WOLF: Auf wen oder was passen sie denn auf?

FILZMAIER: Hauptsächlich darauf, dass der jeweilige Regierungspartner keine Dinge macht, von denen die eigene Partei nichts oder zu spät erfährt. Das ist in einer Koalitionsregierung öfters der Fall. Eine Partei stellt zum Beispiel nicht den Finanzminister, will aber wenigstens einen Staatssekretär im Finanzministerium haben. Denn beim Geld und in der Budgetpolitik geht es um die wichtigsten Entscheidungen in der Republik, und das sollte man zumindest mitbekommen. Staatssekretärinnen und -sekretäre haben es aber wirklich schwer. Sie sind zum Beispiel bei den Regierungssitzungen dabei, aber sie dürfen nicht mitstimmen.

WOLF: Auch nicht sehr spannend. Wofür braucht man denn überhaupt Ministerinnen und Minister?

FILZMAIER: Um das öffentliche Leben in Österreich zu organisieren und zu verwalten. Im Parlament werden Gesetze beschlossen, die legen die Rahmenbedingungen unseres Zusammenlebens fest. Zum Beispiel auch, wie viele Steuern du zahlen musst, Armin. Aber ohne Finanzministerium und Finanzämter, die diese Steuern einheben und die Steuerzahlungen kontrollieren, könnte es ja vorkommen, dass du sagst, dann zahle ich eben nicht.

WOLF: Das ist natürlich undenkbar. Ich zahle ja nicht nur deswegen Steuern, weil es einen Finanzminister gibt, sondern weil ich ein gesetzestreuer Bürger bin und froh bin, dass wir funktionierende Straßen, Schulen, Unis und Theater haben.

FILZMAIER: Bei dir kommt das natürlich nie und nimmer vor, doch glaube mir, es gibt auch Menschen, die Steuern hinterziehen.

WOLF: Und wie arbeitet die Regierung? Sie trifft sich ja einmal die Woche im sogenannten Ministerrat, so heißen die Regierungssitzungen. Wird dort die Politik der Regierung gemacht? Diese Sitzungen dauern ja nur ein, zwei Stunden.

FILZMAIER: Letztlich wird im Ministerrat nur beschlossen, was lange vorbereitet ist. Kurz vorher treffen sich im Regelfall Kanzler, Vizekanzler – jeweils auch in der weiblichen Form – mit den Klubobleuten ihrer Parteien im Parlament, und mit dem engsten Mitarbeiterstab. Da wird unmittelbar vorbesprochen, was nachher zu beschließen ist. In den jeweiligen Ministerien und Stäben, sicher parallel auch oft genug in den Parteizentralen, wird längerfristig geplant, was am Ende rauskommen soll. Eine Regierungsvorlage als Gesetzesentwurf für das Parlament kritzelt man natürlich nicht im Ministerrat auf die Schnelle auf einen Notizzettel. Da beginnt der Prozess oft schon ein halbes Jahr oder noch länger vorher mit einem Referentenentwurf im jeweiligen Ministerium.

WOLF: Das heißt, im Ministerrat selbst wird nicht mehr sehr grundsätzlich diskutiert – aber für die Beschlüsse herrscht dort Einstimmigkeitsprinzip. Das heißt, jedes einzelne Regierungsmitglied kann jeden einzelnen Beschluss auch verhindern. Das müsste doch jede Ministerin und jeden Minister wahnsinnig mächtig machen, wenn sie bei jedem Beschluss drohen könnten, ich mache da nicht mit.

FILZMAIER: Das Problem gibt es eher zwischen zwei oder mehr Regierungsparteien, denn die können sich dort in der Tat blockieren. Innerhalb der gleichen Partei herrscht normalerweise schon ein Konsens. Man ist ja auch durch die Partei in den Nationalrat gewählt worden, sofern man auf der Parteiliste stand. Später wurde man vom Kanzler zum Regierungsmitglied gemacht – und der Kanzler wird nicht unbedingt seine größten, parteiinternen Widersacher zu Ministerinnen machen. Da sollte ein Beschluss ohne Veto eines Ministers klappen – die Betonung liegt allerdings auf dem Wörtchen „sollte".

WOLF: Warum nur sollte?

FILZMAIER: Ein Minister oder eine Ministerin fühlt sich vielleicht mehr einer Teilorganisation einer Partei verpflichtet, oder die Verbundenheit zu einer Parteilandesorganisation ist größer als zum Kanzler und Vizekanzler. Es soll schon einmal vorgekommen sein, dass ein Minister einen Landeshauptmann mitten in der Ministerratssitzung angerufen hat: „Samma jetzt dafür oder dagegen?“

WOLF: Wir lernen alle in der Schule, dass die Gesetze im Parlament beschlossen werden: Das Parlament ist der Gesetzgeber. Aber in Wahrheit ist es doch in Österreich anders. Die allermeisten Gesetzesentwürfe werden nicht im Parlament geschrieben, sondern in den jeweils fachlich zuständigen Ministerien: die Steuergesetze im Finanzministerium, die Zentralmatura und ihre Inhalte im Bildungsministerium, ein neues Korruptionsgesetz im Justizministerium. Diese Entwürfe werden im Ministerrat als die schon erwähnten Regierungsvorlagen einstimmig beschlossen, und erst dann kommen sie ins Parlament. Dort werden sie von den Regierungsparteien formell zu Gesetzen gemacht, aber meistens nahezu unverändert. Ist da nicht doch in Wahrheit die Regierung der Gesetzgeber?

FILZMAIER: Indirekt ja. Das ist eine gewisse Durchbrechung der Gewaltenteilung zwischen der Verwaltung – die Regierung ist die Exekutive – einerseits und dem Parlament als Legislative und Gesetzgebungsorgan andererseits. Die Regierung kann sich meistens sicher sein, dass aufgrund der Fraktionsdisziplin – es wird entlang der Parteilinien im Parlament abgestimmt – ihre Regierungsvorlage eine Mehrheit findet.

WOLF: Aber warum ist das so?

FILZMAIER: Der Grund, warum nur die Regierung viele Gesetze vorbereiten kann, ist, dass sie mehr Ressourcen hat. Denn es gibt in Ministerien Abteilungen mit viel Personal, die sogar legislative – also gesetzgeberische – Abteilungen heißen, und die Gesetzesentwürfe schreiben können. Einzelne Parlamentsabgeordnete haben schlicht nicht genug Mitarbeiterinnen und Mitarbeiter dafür. Die braucht es aber, denn zum Beispiel das Bundesfinanzgesetz – volkstümlich Budget genannt, das wahrscheinlich wichtigste Gesetz überhaupt – ist, wenn man es ausdrucken würde, ein Papierstapel von mindestens 20 Zentimeter Höhe.

WOLF: Nun haben wir in Österreich meistens Koalitionsregierungen, weil seit über 40 Jahren keine Partei mehr eine absolute Mehrheit geschafft hat, also mehr als 50 Prozent der Sitze im Nationalrat. Wie funktioniert so eine Koalition? Sind da beide Parteien gleich mächtig? Wer bekommt welche Ministerien?

FILZMAIER: Es gibt einen Aufteilungsschlüssel, der aber nirgendwo festgeschrieben ist: Die Zahl der Ministerinnen und Minister entspricht in etwa dem Wahlergebnis. Wenn also eine Partei mit 40 Prozent der Stimmen mit einer Partei mit zehn Prozent der Stimmen koaliert, dann muss es nicht punktgenau auf 4:1 bei der Aufteilung der Ministerien hinauslaufen, aber die Partei mit zehn Prozent wird nicht gleich viele Ministerposten wie ihr viel größerer Koalitionspartner bekommen.

WOLF: Geht's da nur um die Zahl der Ministerien pro Partei?

FILZMAIER: Nicht ganz. Es geht auch um mächtige und einflussreiche Ministerien. Das Finanzministerium gilt zum Beispiel als mächtig. Und dann sind je nach Partei unterschiedliche Ministerien wichtig. Die Grünen haben nichts davon, wenn sie zwar zwei andere Ministerien kriegen, aber das Umweltministerium nicht. Das widerspricht sozusagen ihrer DNA und Identität.

WOLF: Und die ÖVP will in einer Regierung immer das Wirtschaftsministerium.

FILZMAIER: Und das Landwirtschaftsministerium.

WOLF: Weil die Landwirte für die ÖVP eine ganz zentrale Wählergruppe sind. Dafür will die SPÖ in einer Regierung immer das Sozialministerium.

FILZMAIER: Genau.

WOLF: Jetzt gab es ja schon viele verschiedene Koalitionen in Österreich, am häufigsten zwischen SPÖ und ÖVP, aber vor langer Zeit auch mal zwischen SPÖ und FPÖ, das kann man sich heute kaum mehr vorstellen. Dann gab es ÖVP mit FPÖ und zuletzt die ÖVP mit den Grünen. Das waren also immer zwei Parteien, während es in anderen Ländern ganz üblich ist, dass auch drei, vier oder fünf Parteien gemeinsam regieren, wie in Skandinavien, oder in Deutschland, wo seit 2021 drei Parteien koalieren. Warum ist es bei uns nicht so?

FILZMAIER: Weil wir lange Zeit viel weniger Parteienvielfalt hatten. Wir hatten im vorigen Jahrhundert sogar eine Art Zweieinhalb-Parteien-System mit einer sehr großen SPÖ, einer sehr großen ÖVP und einer ziemlich kleinen FPÖ. Diese konnte bestenfalls Zünglein an der Waage bei der Regierungsbildung sein. Sehr oft aber gab es eben eine große Koalition, wenn nicht eine der beiden Großparteien SPÖ und ÖVP sowieso die absolute Mehrheit hatte und allein regieren konnte. Je mehr Parteien, desto schwieriger wird es – rechnerisch, aber natürlich auch politisch –, zu einem Konsens und zu einem Regierungsprogramm zu kommen.

WOLF: Überhaupt keine Tradition haben in Österreich Minderheitsregierungen. Das hatten wir nur ein Jahr lang: 1970/71, ganz am Anfang der Amtszeit von Bundeskanzler Bruno Kreisky. Die SPÖ hatte eine Mehrheit, aber eben keine 50 Prozent. Nach einem Jahr gab es dann vorgezogene Neuwahlen und Kreisky bekam eine absolute Mehrheit. In anderen Ländern sind Minderheitsregierungen durchaus üblich. Warum bei uns nicht?

FILZMAIER: Minderheitsregierungen verlangen ja trotzdem die Unterstützung durch einen Nicht-Koalitionspartner, also mindestens durch eine zweite Partei. Bei Kreisky war das damals die FPÖ, im Abtausch für ein neues Wahlrecht, das für sie günstiger war. Dafür hat sie der ÖVP nicht geholfen, die SPÖ-Regierung von Kreisky im Parlament wieder abzuwählen. Sonst hätte die Regierung ja jeden Tag durch eine Mehrheit im Nationalrat abberufen werden können und hätte quasi unter einem Damoklesschwert stehend regiert.

WOLF: Diese Gefahr besteht aber in anderen Ländern mit Minderheitsregierungen auch, und es gibt sie trotzdem dort öfters.

FILZMAIER: Da hast du recht. Ein Grundkonsens, der für eine Minderheitsregierung nötig wäre, ist aber in Österreich, wenn man die Geschichte betrachtet, ein bisschen schwieriger. Denn die großen politischen Lager haben im Februar 1934 aufeinander geschossen. Das Vertrauen „Mach du mal eine Minderheitsregierung!" ist angesichts dieser Geschichte verständlicherweise nicht besonders stark ausgeprägt.

WOLF: Das gegenteilige Modell ist eine Konzentrationsregierung, die gibt es in einigen Bundesländern. In einer Konzentrationsregierung sitzen alle Parteien, die im Parlament oder in einem Landtag vertreten sind. In der Schweiz ist das generell so, in Österreich noch immer in ein paar Bundesländern, etwa in Niederösterreich. Ist das nicht ein super Modell, wenn alle Parteien in der Regierung zusammenarbeiten?

FILZMAIER: Das sind die sogenannten Proporzregierungen, die in Nieder- und Oberösterreich noch existieren. Da bekommt jede Partei ab einem bestimmten Stimmenanteil automatisch Regierungssitze zugesprochen. Auch das hat einen historischen Grund: Politische Lager, die aufeinander geschossen haben, wollte man so an einen

Regierungstisch zwingen. Denn wer an einem Regierungstisch sitzt, spricht dann hoffentlich miteinander, statt die Gewehre auszupacken und loszuknallen.

WOLF: Aber wäre eine möglichst breite Zusammenarbeit zwischen den Parteien nicht auch gut, auch wenn man früher nicht aufeinander geschossen hat? Warum macht man das nicht immer so?

FILZMAIER: Weil dadurch ein anderes Problem entsteht: Eine Demokratie funktioniert durch Regierung und Opposition, und die Opposition kontrolliert die Regierung. Wenn – wie es in Oberösterreich mehrfach der Fall gewesen ist – aufgrund des Wahlergebnisses jede Landtagspartei zugleich Regierungspartei ist, gibt es im Landtag keine Opposition, und wie soll da die Kontrolle der Landesregierung durch den Landtag funktionieren? Da stehen dann schnell einmal alle Parteien unter dem Generalverdacht, dass man es mit der Kontrolle nicht so genau nimmt.

WOLF: Wir hatten im Jahr 2019 für ein paar Monate auch eine Regierung, wie es sie überhaupt noch nie zuvor gegeben hat: nicht mit Politikerinnen und Politikern, sondern mit Spitzenbeamtinnen und -beamten. Die Bundeskanzlerin, die erste in Österreich, Brigitte Bierlein, war vorher Präsidentin des Verfassungsgerichts. Damals hatte der Nationalrat nach dem Ibiza-Video die Regierung abgewählt und Neuwahlen beschlossen. Für die Übergangszeit hat Bundespräsident Van der Bellen diese Expertenregierung angelobt. Und da ist etwas Erstaunliches passiert: Sie war in der Bevölkerung extrem populär, und viele Menschen wünschen sich seitdem immer eine Expertenregierung. Wäre das eine gute Idee?

FILZMAIER: Die Popularität ist leicht zu erklären, denn eine Experten- oder Beamtenregierung besteht nicht aus Politikern. Das genügt, denn das Berufsimage von Politikerinnen und Politikern liegt im Bereich von Waffenhändlern und Zuhältern. Damit waren die Mitglieder dieser Expertenregierung automatisch mit einem Startvorteil ausgestattet. Es war also kein Wunder, dass Brigitte Bierlein und ihre Ministerriege so populär waren.

WOLF: Aber spricht etwas dagegen, das öfters zu machen?

FILZMAIER: Die Parteien wollen das nicht, es gibt aber auch ein inhaltliches Problem. Die damaligen Regierungsmitglieder rund um Brigitte Bierlein haben selbst gleich gesagt, sie wollen keine Grundsatzentscheidungen treffen. Stell dir vor, wir haben längerfristig eine Regierung, die keine Meinung dazu haben will, ob es in der Corona-Pandemie Lockdowns geben soll oder nicht, oder welche Antiteuerungsmaßnahmen es geben müsste. Oder ob wir in der EU sein sollen oder nicht, und wie wir zum russischen Angriffskrieg in der Ukraine stehen. Das funktioniert langfristig nicht. Und man muss auch dazusagen: Der Bundespräsident hat diese Regierung sehr sorgsam mit den Parlamentsparteien abgestimmt, ganz parteiunabhängig war sie also nicht.

WOLF: Also, wenn man es zusammenfasst: Das war nicht nur eine Regierung, in der keine Politikerinnen und Politiker saßen, sie hat auch de facto keine Politik gemacht, sondern einfach für ein paar Monate das Land verwaltet.

FILZMAIER: Sie war ein reines Verwaltungsorgan, was eine Regierung ja auch ist. Das ist ihre tägliche Aufgabe. Aber selbstverständlich hat eine Regierung zugleich eine politische Funktion. Genau das wollte man in diesem Fall nicht sein. Das war in der damaligen Zeit vielleicht zur Beruhigung der vielen Konflikte in der Politik eine sehr gute Variante. Aber für eine gesamte Regierungsperiode von fünf Jahren wäre das wohl kaum eine gute Idee.

WOLF: Normalerweise bleibt eine Regierung ja im Amt, bis es wieder Nationalratswahlen gibt und danach eine neue Regierung gebildet wird. Aber kann man sie auch schon vorzeitig loswerden, entweder die ganze Regierung oder einzelne Mitglieder oder nur den Bundeskanzler?

FILZMAIER: Es gibt zwei Möglichkeiten für den Nationalrat – also eine Kammer des Parlaments –, eine Regierung loszuwerden. Die eine ist ein Misstrauensvotum. Das heißt, dem Kanzler, einem einzelnen Minister, einer einzelnen Ministerin oder der gesamten Bundesregierung wird in einer Abstimmung das Misstrauen ausgesprochen, und zwar aus inhaltlichen Gründen. Das heißt nicht, dass in der Regierung jemand etwas verbrochen haben muss, sondern einfach: Man ist als Mehrheit der Nationalratsabgeordneten der Meinung, es braucht eine andere Finanzpolitik, eine andere Außenpolitik oder eine andere Bildungspolitik.

WOLF: Und die zweite Möglichkeit?

FILZMAIER: Die zweite Möglichkeit wäre die Ministeranklage beim Verfassungsgerichtshof. Dafür müsste ebenfalls eine Mehrheit im Nationalrat zustande kommen. Nur: Warum sollte man das tun? Das ist irgendwie totes Recht. Denn selbst wenn wirklich ein Regierungsmitglied im rechtlichen Sinn etwas verbrochen hat, geht seine Absetzung mit einem Misstrauensvotum schneller als mit der Ministeranklage. Beim Misstrauensvotum ist er oder sie morgen weg.

WOLF: So oder so passiert es nicht oft, weil ja im Normalfall die Regierung eine Mehrheit im Nationalrat hat und die nicht gegen ihre eigenen Ministerinnen und Minister stimmt.

FILZMAIER: Das tut man bei Abstimmungen entlang der Parteilinie nicht. Wenn, dann würde die Regierung wohl auch eher zurücktreten.

Natürlich kann es passieren, dass in einer Partei Abgeordnete sagen: Nein, den oder die will ich nicht mehr als Ministerin oder Minister. Dann legt man dieser Person aber lieber den Rücktritt nahe, als dass man in dem Spektakel einer Abstimmung gegen das eigene Parteimitglied ist.

WOLF: Kann der Bundeskanzler seine eigenen Regierungsmitglieder quasi kündigen?

FILZMAIER: Er kann dem Bundespräsidenten jemanden zur Entlassung vorschlagen – was der aber nicht machen muss.

WOLF: Da müsste der Bundeskanzler dann mit Regierungsmitgliedern arbeiten, die er gar nicht mehr haben will?

FILZMAIER: Der Bundespräsident kann auch sagen: Kommt mal zu mir in die Hofburg hinter die Tapetentür in mein Büro und reden wir noch mal darüber, wie es weitergehen soll.

WOLF: Letzte Frage: Wenn du dir bei der Art, wie in Österreich Regierungen gebildet werden oder wie sie arbeiten, eine Änderung wünschen dürftest, was wäre das?

FILZMAIER: Ich würde mir wünschen, dass sich Ministerinnen und Minister vor ihrer Angelobung in einer öffentlichen Anhörung im Parlament den Nationalratsabgeordneten stellen, so wie die Mitglieder der Europäischen Kommission im EU-Parlament. Wir alle könnten zuhören und zusehen und wissen, welche Regierungsmitglieder wir da bekommen.

3

Das Parlament

Wie entsteht ein Gesetz? Was passiert in den „Ausschüssen"? Wozu wird man beim Klubzwang gezwungen? Sind Abgeordnete wirklich Vertreter des Volkes? Stimmt das Vorurteil, dass sie vor den Kameras streiten, aber danach in die Parlamentskantine miteinander auf ein Bier gehen?

ARMIN WOLF: Peter, was ist das größte Missverständnis oder der größte Irrtum über das Parlament?

PETER FILZMAIER: Ein zumindest häufiger Irrtum ist, das Parlament würde den Bundeskanzler oder die Bundeskanzlerin und die Regierung, also die Ministerinnen und Minister, wählen. Nein, die werden alle vom Bundespräsidenten ernannt.

WOLF: Wenn wir über das Parlament reden, meinen wir ja meistens den Nationalrat. Der ist aber nur ein Teil des Parlaments, wenn auch der wichtigere.

FILZMAIER: Unser Parlament ist im Zweikammersystem organisiert. Die eine Kammer besteht aus den Abgeordneten zum Nationalrat, die alle fünf Jahre über Parteilisten gewählt werden. Die zweite Kammer – der Bundesrat – ist die Länderkammer. Da sitzen von den Bundesländern entsandte Ländervertreterinnen und -vertreter drin. Deren Zahl für jede Partei richtet sich nach dem Ergebnis der jeweils letzten Landtagswahl.

WOLF: Die wichtigste Funktion des Parlaments ist die des Gesetzgebers. Es darf kein Gesetz geben, das nicht vom Parlament beschlossen wurde. Aber entstehen die Gesetze auch im Parlament?

FILZMAIER: Im eigentlichen Sinn: nein. Denn sieht man sich die Parlamentsgeschichte an, so gehen die meisten Gesetze und alle Schlüsselgesetze auf Regierungsvorlagen zurück. Da wird als Gesetzesentwurf in einer Abteilung eines Ministeriums das geschrieben, was von den Koalitionspartnern beauftragt und abgestimmt ist. Diesen Entwurf beschließen später im Ministerrat alle Regierungsmitglieder. Erst danach kommt das Ganze als Regierungsvorlage ins Parlament, wo sie im Plenum und in Ausschüssen weiter diskutiert und letztlich beschlossen wird.

WOLF: Warum ist das so? Warum entstehen die Gesetze nicht gleich im Parlament?

FILZMAIER: Es klingt paradox, aber das Parlament hat gar nicht genug Personal und ausreichend Expertinnen und Experten, um wirklich Gesetzesentwürfe für alle denkmöglichen Sachmaterien zu schreiben. Denn ein ministerieller Apparat ist sehr groß und da gibt es große Abteilungen, die mit den unterschiedlichsten Fachbereichen befasst sind. Ein einzelner Abgeordneter hat entweder eine Mitarbeiterin oder zwei halbtags beschäftigte Mitarbeiter, oder muss sich dieses Personal sogar mit anderen Abgeordneten teilen. Die Parteiklubs sind ein bisschen besser ausgestattet, aber die Ressourcen des Parlaments sind da relativ klein.

WOLF: Wobei da zuletzt etwas Interessantes passiert ist. Von 2019 bis 2022 wurden zum ersten Mal weniger Regierungsvorlagen beschlossen als Gesetzesvorschläge, die von Abgeordneten eingebracht wurden. Die heißen dann übrigens Initiativanträge. Das hatte allerdings spezielle Gründe.

FILZMAIER: Ja, 2019 hatten wir für einige Monate die sogenannte Expertenregierung von Kanzlerin Bierlein, die keine eigenen Regierungsvorlagen ins Parlament gebracht hat. Und dort gab es damals, nach der Ibiza-Affäre, auch keine fixe Koalition. Also haben die Parteien selbst Anträge für Gesetzesänderungen eingebracht und auf wechselnde Mehrheiten gehofft.

WOLF: Das war allerdings Anfang 2020 mit der neuen Koalition aus ÖVP und Grünen vorbei.

FILZMAIER: Stimmt, aber da kam dann gleich die Corona-Pandemie. Da mussten viele Gesetze möglichst schnell beschlossen werden, und der parlamentarische Ablauf über Initiativanträge geht deutlich schneller: Man erspart sich auch, egal ob bei einem Pandemiegesetz oder bei anderen Inhalten, womöglich unangenehme Schritte wie eine Folgekostenabschätzung. Ausgearbeitet wurden diese Anträge aber großteils trotzdem in den zuständigen Ministerien, wo es die entsprechenden Fachleute gibt. Es steckt also in Wahrheit die Regierung dahinter.

WOLF: Und warum ist das so? In Deutschland zum Beispiel hat der Bundestag einen sehr großen Stab, sogar einen eigenen wissenschaftlichen Dienst, und in den USA hat jedes einzelne Mitglied im Senat 40, 50 Mitarbeiterinnen und Mitarbeiter.

FILZMAIER: Da das Parlament das Bundesfinanzgesetz – auch Budget genannt – beschließt, ist es in eigener Sache offenbar sehr ungeschickt. Denn da könnten die Abgeordneten ja größere Finanzressourcen und damit mehr Personal für das Parlament in den Gesetzesentwurf hinein reklamieren. Es liegt aber mehr daran, dass die politischen Parteien kein Interesse haben, die einzelnen Parlamentsabgeordneten zu stärken. Denn in anderen Ländern wie in den USA werden Personen gewählt, bei uns kann man nur über Parteilisten ins Parlament kommen. Wenn nur die Parteien in ihren Klubs Ressourcen haben oder nur die Regierungsparteien in den Ministerien, dann muss ich aus Parteisicht keine Angst haben, dass meine Abgeordneten zu eigenständig werden und von der Parteilinie abweichen. Denn sie sind ja angewiesen auf das Partei- und Regierungspersonal.

WOLF: Bevor diese Regierungsvorlage aber ins Parlament kommt, um dort als Gesetz beschlossen zu werden, gibt es noch ein sogenanntes Begutachtungsverfahren. Was ist das?

FILZMAIER: Es gibt sogar zwei Begutachtungsverfahren. Du hast gerade das vorparlamentarische Verfahren angesprochen. Ministerialentwürfe und auch dazu abgegebene Stellungnahmen werden veröffentlicht. Ministerien, Landesregierungen oder Kammern können sogar aufgefordert werden, ihre Position zum Entwurf zu verschriftlichen. Aber auch nicht extra gefragte Personen dürfen ihre Meinung ausdrücken. Sinn der Sache ist, dass sowohl die Parlamentsabgeordneten als auch wir alle möglichst früh viel über ein Gesetzesvorhaben erfahren.

WOLF: Und manche Stellungnahmen und Kritikpunkte werden dann auch noch in den Gesetzesentwurf übernommen. Wie funktioniert das zweite Begutachtungsverfahren?

FILZMAIER: Das ist neu und gibt es erst seit 2021. Wir als Bürgerinnen und Bürger sowie Organisationen dürfen sozusagen unseren inhaltlichen Senf dazugeben, wenn das Gesetzgebungsverfahren im Parlament schon läuft. Übrigens muss man da nicht ein langes Schreiben verfassen, man kann auch bereits veröffentlichten Stellungnahmen einfach zustimmen. Das ist ein bisschen wie bei den Likes im Internet.

WOLF: Jetzt kennen wir alle das Parlament aus den Debatten, die im Fernsehen live übertragen werden. Aber das ist nur ein ganz kleiner Teil seiner Aufgaben. Es heißt immer, die eigentliche Arbeit des Parlaments würde in den Ausschüssen passieren – dorthin kommen ja auch die Regierungsvorlagen zunächst. Diese Ausschüsse werden aber nicht im Fernsehen übertragen, es sind keine Medien zugelassen und man kann auch nicht zuschauen gehen wie bei den Debatten im sogenannten Plenum, also den regulären Nationalratssitzungen. Was ist ein Parlamentsausschuss und was passiert dort?

FILZMAIER: Es gibt mehrere Typen von Ausschüssen. In den Fachausschüssen wird zum Beispiel im Bildungsausschuss über eine Änderung im Schulunterrichtsgesetz oder Schulorganisationsgesetz debattiert: Welche Schulfächer soll es geben? Kommt ein neues Fach dazu? Welche Schultypen wollen wir überhaupt haben? Dann gibt es noch den Hauptausschuss des Nationalrats, der viele allgemeine Aufgaben hat, von Vorschlägen für hohe Ämter wie Rechnungshof und Volksanwaltschaft über die Zustimmung zu besonderen Verordnungen der Regierung bis zu Stellungnahmen zu EU-Vorhaben. Im Plenum hingegen, der Versammlung aller Abgeordneten, werden jeweils die wichtigsten Pro-und-kontra-Argumente zu einem Gesetz noch einmal öffentlich ausgetauscht, und es kommt zur Abstimmung.

WOLF: Das heißt aber, im Ausschuss sitzen nicht alle Abgeordneten, sondern immer nur ein paar – und zwar jene, die sich bei dem Thema besonders gut auskennen.

FILZMAIER: Ich weiß nicht, ob sich alle bei absolut jedem Ausschussthema immer besonders gut auskennen. Aber ja, es ist eine Spezialisierung auf bestimmte Themengebiete möglich und in jedem Ausschuss ist nur ein Teil der Abgeordneten jeder Partei dabei. Die Mehrheitsverhältnisse sind aber so wie im Plenum. Deshalb ist es ziemlich unwahrscheinlich und kommt praktisch nie vor, dass das Plenum sagt, wir sind komplett anderer Meinung, obwohl es im Ausschuss eine Mehrheit für einen Gesetzesentwurf gegeben hat.

WOLF: Aber wenn die eigentliche Arbeit im Ausschuss passiert und im Plenum nur mehr darüber debattiert und abgestimmt wird, heißt das dann, dass sich nicht alle Abgeordneten bei allen Gesetzen auskennen, und dass einige von ihnen auch über Gesetze abstimmen, die sie gar nicht gelesen haben?

FILZMAIER: Alle Gesetze persönlich vollständig zu lesen wäre technisch für alle einzelnen Abgeordneten schwierig, wenn sie nicht extreme Schnellleser und Blitzgneißerinnen sind. Denn da müssten sie Tonnen von Papier oder ungeheure Datenmengen in relativ kurzer Zeit durcharbeiten. Vor allem beim Bundesfinanzgesetz als Budget. Daher wird sich zum Beispiel ein Bildungssprecher oder eine Bildungssprecherin einer Partei das Bildungsbudget ganz besonders anschauen, aber kaum alle Details des Landwirtschaftsbudgets lesen. Da vertraut man der Parteilinie.

WOLF: Wenn wir beim Budget bleiben: Das ist ja wirklich ein Riesenstapel Papier, tausende Seiten dick. Heißt das, niemand im Parlament hat das gesamte Budget gelesen?

FILZMAIER: Wenn man mit Parlament alle Abgeordneten inklusive deren Mitarbeiterinnen und Mitarbeiter sowie der Parteiklubmitarbeiterinnen und -mitarbeiter meint, dann will ich schon hoffen, dass sich das irgendjemand angeschaut hat. Aber offensichtlich nicht immer. Denn einmal wurde bei einem Budget fast ein Gesetzesentwurf mitbeschlossen, bei dem bei einer Zahl sechs Nullen fehlten. Klingt undramatisch, ist aber ein enormer Geldunterschied.

WOLF: Aber noch mal zu meiner Frage: Es gibt also keine Abgeordneten im Parlament, die das ganze Budget von vorn bis hinten gelesen haben?

FILZMAIER: Ich muss mich als Abgeordneter nirgendwo melden und eine Prüfung ablegen, ob ich alles gelesen habe. Insofern ist es nicht beweisbar, wer was liest. Aber ich würde mal vermuten: Alles gelesen hat niemand.

WOLF: Ist das ein Problem?

FILZMAIER: Es ist dann kein Problem, wenn das Wechselspiel mit der Regierung funktioniert, also niemand aus der Regierung in ein Gesetz bewusst Fehler einbaut. Das wäre dann aber genauso zum eigenen Schaden der Regierung, also klappt die Sache meistens.

WOLF: Das heißt aber, diese Arbeitsteilung im Parlament, dass sich bestimmte Abgeordnete auf bestimmte Themen konzentrieren, ist schon vernünftig?

FILZMAIER: Es macht Sinn, dass eine Spezialisierung auf einzelne Bereiche stattfindet. Denn Abgeordnete sind zwar Volksvertreterinnen und Volksvertreter für alle Österreicherinnen und Österreicher, aber es ist ja nicht realistisch, dass sich jemand von A wie Agrarpolitik oder Arbeitsmarktpolitik bis Z wie Zuwanderungspolitik überall genau gleich gut auskennt.

WOLF: Jetzt hört man ja häufig, wenn sich Menschen Parlamentsdebatten anschauen, wo oft sehr heftig gestritten wird: „Jaja, wenn die Kameras laufen, streiten sie, aber danach gehen alle gemeinsam in die Kantine und trinken miteinander ein Bier." Das wäre alles nur Show. Ist das so?

FILZMAIER: Einen gewissen Showcharakter gibt es – und das ist gar nicht negativ gemeint. In der Politikwissenschaft wird beim Plenum von der Theater- oder der Tribünenfunktion des Parlaments gesprochen. Das heißt: Für uns alle, für jede Bürgerin und jeden Bürger, ist bei den Parlamentsdebatten erkennbar, was die zentralen Pro-und-kontra-Argumente sind. Die Abgeordneten wissen das voneinander sowieso längst vor der Debatte, aber wir alle können das wie in einem Theater von der Tribüne aus mitverfolgen und uns unsere Meinung über ein Gesetz bilden.

WOLF: Und es ist ja auch vernünftig, dass die Abgeordneten trotz aller politischen Differenzen auch normal miteinander reden und miteinander ein Bier oder sonst was trinken können. In der Ersten Republik haben die Parteien aufeinander geschossen. Das wollen wir ja wirklich nicht mehr.

FILZMAIER: Das hat sich nachgewiesenermaßen nicht bewährt.

WOLF: Wie kommt man eigentlich ins Parlament? Was müssen Abgeordnete können?

FILZMAIER: Also Armin, du würdest die Voraussetzungen erfüllen, dass du österreichischer Staatsbürger bist, und offensichtlich sowohl erwachsen als auch nicht vorbestraft, wie wir schon beim Bundespräsidenten besprochen haben. Trotzdem hättest du es nicht leicht, Abgeordneter zu werden, denn es gibt nur eine Möglichkeit, ins Parlament zu kommen: Du musst auf einer Parteiliste stehen. Denn wir kreuzen auf dem Stimmzettel bei der Nationalratswahl Parteien an. Man kann zwar als Person zusätzlich Vorzugsstimmen sammeln, aber die Voraussetzung auch dafür ist: Du musst auf dieser Parteiliste stehen.

WOLF: Ich könnte bei der Nationalratswahl also nicht als Armin Wolf kandidieren?

FILZMAIER: Nein, du kannst aber eine Liste Armin Wolf gründen. Das muss nicht unbedingt eine beim Innenministerium angemeldete und eingetragene Partei sein, die kandidiert, es genügt eine sogenannte Parteiliste als Namensliste. Du solltest allerdings Mitstreiterinnen und Mitstreiter finden, denn für die Zahl der Nationalratsmandate gibt es ein Auswahlverfahren auf Wahlkreisebene, auf Länderebene und auf Bundesebene.

WOLF: Und wenn ich einfach allein ins Parlament will?

FILZMAIER: Du könntest sogar allein als Einpersonenliste kandidieren, wenn du auf allen diesen Listen in den Wahlkreisen und Ländern und im Bund auf dem ersten Platz stehst und die Plätze dahinter leer lässt. Das ist nicht ausdrücklich verboten. Aber es wäre nicht sehr schlau. Denn du bekommst dann unabhängig vom Wahlergebnis auch nur ein Mandat. Selbst wenn deiner Liste 15 oder 20 Mandate für Abgeordnete zustehen sollten, kannst du nicht sagen, dass du im Nationalrat für 15 bis 20 Leute zählst und mindestens 15 Stimmen hast.

WOLF: Und mit dem einen Mandat könnte ich nicht viel machen, oder?

FILZMAIER: Wenn es nicht eine Zufallskonstellation gibt, dass eine Mehrheit bei einer Abstimmung von genau einem Abgeordneten und dessen Stimme abhängt, wird es schwierig, irgendetwas zu erreichen.

WOLF: Jetzt werden die Abgeordneten ja auch oft Volksvertreter genannt. Das heißt, sie sollen die Wählerinnen und Wähler repräsentieren. Aber das Parlament schaut völlig anders aus als die Bevölkerung. Die Abgeordneten sind im Durchschnitt älter. Sie sind viel seltener Frauen als in der Gesamtbevölkerung. Es gibt kaum Arbeiter, im Verhältnis viel zu viele Beamte und auch Menschen mit Uniabschluss. Wäre es besser, wenn das Parlament die Bevölkerung genauer widerspiegeln würde?

FILZMAIER: In der Theorie wäre es etwa wünschenswert, dass 18- bis 30-jährige Abgeordnete circa ein Fünftel des Parlaments ausmachen, weil knapp ein Fünftel der Gesamtbevölkerung in diesem Alter ist. Nur: Da man über eine Parteiliste gewählt werden muss, liegt es in der Hand der Parteien, solche ausgewogenen Listen zu erstellen. Das ist jahrzehntelang weder beim Geschlecht noch beim Alter, noch bei den Berufsgruppen passiert.

WOLF: Kann man dagegen gar nichts tun?

FILZMAIER: Erst im Lauf der Zeit ist man bei einigen Parteien dazu übergegangen, das zu ändern. Die Grünen haben beispielsweise damit begonnen, ein Reißverschlusssystem einzuführen, also immer eine Frau und einen Mann abwechselnd auf der Liste zu platzieren. In anderen Staaten und parlamentarischen Systemen, in denen immer nur ein Abgeordneter pro Wahlkreis gewählt wird – und zwar als Person, nicht als Partei –, ist nicht einmal das möglich. Denn wenn da lauter ältere und reiche Männer in ihren Wahlkreisen gewinnen, ist es einfach so, und im Parlament würden lauter solche Männer sitzen.

WOLF: Sehr viele Abgeordnete haben auch einen zivilen Beruf. Ist ein Parlamentsmandat ein Nebenjob?

FILZMAIER: Das ist kein Nebenjob, auch wenn man nur an den Plenartagen – also an den Sitzungstagen – eine Anwesenheitsverpflichtung hat und sich allenfalls krankheitsbedingt entschuldigen kann. Aber die Volksvertreterinnen und -vertreter sollen nicht vollkommen abgehoben vom Alltag eines sonstigen Berufslebens leben. Wenn jetzt jemand seit 30, 40 oder theoretisch sogar seit 50 Jahren im Parlament sitzt, dann wird das etwas schwierig mit dem Bezug zu den Alltagssorgen von Menschen, die in anderen Berufen arbeiten.

WOLF: Haben also alle Abgeordneten noch einen zweiten Beruf?

FILZMAIER: Nicht unbedingt. Es gibt für ganz wenige Funktionen im Parlament ein Berufsverbot: für den Ersten Nationalratspräsidenten oder die -präsidentin, der oder die nebenbei keinen anderen Beruf haben darf. Und auch die Klubobleute der Parteien dürfen das nicht. Alle anderen Abgeordneten müssen ihre sonstigen Einkünfte angeben, und da zeigt sich, dass manche außerhalb der Politik nicht berufstätig sind. Der jeweilige erlernte Beruf macht es auch leichter oder schwieriger, zugleich Abgeordnete beziehungsweise Abgeordneter zu sein. Wer selbständig ist, kann sich die Zeit dafür selbst einteilen. Für eine Kassiererin im Supermarkt ist das kaum möglich.

WOLF: Abgeordnete verdienen rund 9.000 Euro brutto im Monat. Das ist sehr viel mehr als ein Durchschnittsgehalt in Österreich. Ist das angemessen?

FILZMAIER: Willst du die besten oder die billigsten Politikerinnen und Politiker?

WOLF: Aber geht man wegen des Geldes in die Politik?

FILZMAIER: Deswegen allein nicht. Doch ist es naiv anzunehmen, dass Geld gar keine Rolle spielt. Warum nicht, das ist ja nicht nur bei Abgeordneten so, sondern gilt bei der Berufswahl für viele von uns. Zudem gibt es den Gedanken, dass ein relativ hohes Gehalt vor Korruption schützt. Die Versuchung, sich für irgendetwas bestechen zu lassen, soll dadurch verhindert werden, dass die Abgeordneten anständig bezahlt werden. Eine Garantie gegen Korruptionsanfälligkeit ist ein hohes Gehalt allerdings nicht.

WOLF: Im Nationalrat sitzen 183 Abgeordnete. Oft heißt es, das wären zu viele für ein kleines Land wie Österreich. Deutschland hat im Verhältnis zur Bevölkerung viel weniger, die USA noch viel weniger. Jetzt sagen manche, in Österreich würden zum Beispiel 100 Abgeordnete auch reichen. Wie siehst du das?

FILZMAIER: Da müssen wir uns entscheiden, was wir wollen. Wenn wir beide der Meinung wären – oder wie ich vermute, auch sind –, es sollen Frauen und Männer, junge und ältere Menschen, verschiedene Berufsgruppen und Menschen aus allen Bundesländern möglichst gleichmäßig im Nationalrat vertreten sein, dann brauchen wir schon auch mehr Abgeordnete. Denn wenn wir ihre Anzahl jetzt reduzieren – 100 Abgeordnete würden nahezu eine Halbierung bedeuten –, dann ist die Wahrscheinlichkeit relativ groß, dass aus manchen Bundesländern noch weniger Leute vertreten sind, und dass es noch weniger junge Abgeordnete gibt, oder gar keine, und so weiter.

WOLF: Wir haben in Österreich ein sogenanntes Verhältniswahlreicht. Das bedeutet, die Parteien sind ziemlich genau in dem Verhältnis im Parlament vertreten, in dem sie bei der Wahl abgeschnitten haben. Das ist nicht in allen Ländern so, es gibt auch andere Wahlsysteme. Wir haben aber auch eine sogenannte Sperrklausel: Eine Liste muss bei der Nationalratswahl mindestens vier Prozent erreichen, um ins Parlament zu kommen. Wozu ist das gut?

FILZMAIER: Diese Mindestprozentklauseln – vier Prozent in Österreich, fünf Prozent in Deutschland – haben den Sinn, eine Zersplitterung des Parlaments zu verhindern. Das historische Negativbeispiel waren die Weimarer Republik und der Reichstag, also das Parlament im Deutschland der Zwischenkriegszeit. Denn dort haben 0,2 Prozent oder 0,3 Prozent der Stimmen genügt, um als Partei in den Reichstag einzuziehen. Das Problem war, dass sich durch diese sehr vielen Parteien und Kleinstparteien leicht Mehrheiten gegen alles gefunden haben, aber nicht für etwas. Das Parlament hat sich also schwergetan, irgendwelche Gesetze zu beschließen. Das führte zu einer Stimmungslage, die mitgeholfen hat, dass viele für Adolf Hitler als starken Mann waren, weil so vieles in der parlamentarischen Politik nicht klappte oder blockiert wurde.

WOLF: Im Parlament sind die Parteien in sogenannten Klubs organisiert, oft auch Fraktionen genannt. Und da gibt es den berühmten Klubzwang: Das heißt, die Abgeordneten einer Partei, also eines Klubs, stimmen im Normalfall immer gleich ab, obwohl in der Verfassung das freie Mandat verankert ist. Da steht wörtlich: Die Abgeordneten sind „an keinen Auftrag gebunden", niemand kann ihnen anordnen, wie sie abstimmen, auch die eigene Partei nicht. Trotzdem stimmen sie nahezu immer gleich ab. Wie passt das zusammen, Klubzwang und freies Mandat?

FILZMAIER: Gar nicht. Es gibt auch keinen Klubzwang, jedenfalls formell nicht. Der korrekte und beschönigende Begriff lautet „freiwillige Fraktionsdisziplin". Das heißt: Die Abgeordneten müssen von sich aus sagen, dass sie sich an die jeweilige Parteilinie halten wollen. Das tun sie deshalb, weil sie vermutlich bald ganz frei und nicht mehr im Klub der Partei wären, wenn sie ihr freies Mandat exzessiv ausüben, also oft gegen die Parteilinie stimmen würden. Sie hätten weiterhin ihren Sessel im Plenum, aber das wäre es fast auch schon. Denn die Ressourcen für die parlamentarische Arbeit sind im Klub, für eigenes Personal gibt es nur ein Kleinstbudget.

WOLF: Das sind die sogenannten „wilden" Abgeordneten. Aber die heißen nicht so, weil sie sich besonders schlecht benehmen ...

FILZMAIER: Nein, das sind keine Radaubrüder oder Radauschwestern. Das sind eben Abgeordnete, die keinem Klub und keiner Partei mehr angehören. Zum Beispiel, weil sie sich mit ihrer Partei zerstritten haben. Die sitzen dann im Plenum herum und haben geringe Redezeiten jenseits aller Fernsehübertragungen zu nachtschlafender Stunde. Ihre Wirkungskraft ist generell sehr, sehr gering. Es sei denn, es gibt extrem knappe Mehrheiten mit einer Stimme Überhang, dann würden sie im Mittelpunkt stehen.

WOLF: Letztlich heißt das aber, so freiwillig ist diese „Klubdisziplin" gar nicht, wenn man nicht irgendwann als machtloser Einzelkämpfer oder -kämpferin enden will.

FILZMAIER: Sie ist nicht wirklich freiwillig, man kann sie aber inhaltlich argumentieren. Ich nehme zwei sehr gegensätzliche Parteien: Wenn du die Grünen wählst, dann erwartest du als Wähler, dass die Grünen bei einer Umweltgesetzgebung fünf Jahre lang immer pro Umwelt stimmen werden. Wenn du die FPÖ wählst, dann erwartest du fünf Jahre lang, dass bei einer Frage der Zuwanderung strikte Regeln und Begrenzungen für Migration beschlossen werden. Diese Erwartungshaltung der Wählerinnen und Wähler wird natürlich nicht erfüllt, wenn du dich ohne Fraktions- oder Klubdisziplin jedes Mal überraschen lassen musst, wie die Abgeordneten der von dir gewählten Partei abstimmen.

WOLF: Brauche ich dann bei den Abstimmungen überhaupt alle 183 Abgeordneten? Da könnten doch auch nur die Klubobleute ins Plenum gehen und sagen, ich stimme mit den 71 Stimmen meiner Partei dafür – was macht ihr mit euren 40 und ihr mit euren 30 Stimmen?

FILZMAIER: Die persönliche Anwesenheit ist Bedingung und Voraussetzung. Stimmübertragungen gibt es keine. Und es gibt ja auch immer wieder Stimmabweichungen. Wir bekommen es vielleicht gar nicht so mit, weil das ja oft schon vor den Abstimmungen ausverhandelt wird. Man muss auch dazusagen, dass einzelne Parteien – insbesondere die NEOS – keinen Klubzwang haben. Allerdings stimmen deren Abgeordnete trotzdem meistens gleich ab. Bei den Grünen hat man seit der Regierungsbeteiligung gesehen, dass ein formal nicht bestehender Klubzwang in getarnter Form als größtmögliche Klubdisziplin weiterbesteht.

WOLF: Manchmal wird eine Abstimmung auch „freigegeben". Was heißt das?

FILZMAIER: Das heißt, die Koalitionsparteien oder auch eine Oppositionspartei verständigen sich darüber: Bei dieser Abstimmung gibt es keine Parteilinie, alle Abgeordneten sollen abstimmen, wie sie persönlich meinen. Das passiert allerdings ziemlich selten, denn eine Koalitionsregierung basiert auf einem Regierungsprogramm und das bedeutet, dass beide Koalitionsparteien sich daran halten wollen. Sonst macht ein solches Programm ja keinen Sinn. Abgeordnete von Regierungsparteien, denen etwas im Koalitionspakt nicht passt, hätten also bereits vorher klarstellen müssen: Mit mir nicht! Sie können schlecht erst bei der Abstimmung sagen: Ätsch, jetzt bin ich doch dagegen.

WOLF: Das Parlament soll auch die Regierung kontrollieren, aber das passiert in Österreich in der Praxis nicht, weil die Regierungsparteien praktisch immer die Mehrheit im Parlament stellen. Das heißt, Kontrolle gibt es eigentlich nur durch die Opposition, die ist aber wiederum relativ machtlos.

FILZMAIER: Man hat die Oppositionsrechte in der jüngeren Vergangenheit ein bisschen gestärkt. Zum Beispiel war es früher in Österreich so, dass es auch für die Einrichtung von Untersuchungsausschüssen zur Prüfung des politischen Verhaltens der Regierung durch das Parlament einen Mehrheitsbeschluss gebraucht hat. Das war kurios, weil die Regierungsparteien mit ihrer Mehrheit entscheiden mussten, ob man die Regierung kontrollieren soll oder nicht. Seit 2014 können auch Oppositionsparteien das beschließen.

WOLF: Was tut ein U-Ausschuss, also ein Untersuchungsausschuss, konkret? Was unterscheidet ihn von den ständigen Ausschüssen, über die wir vorher gesprochen haben?

FILZMAIER: Ein Untersuchungsausschuss soll die Regierung kontrollieren. Es wird also nicht ein Gesetzesentwurf inhaltlich diskutiert, wie es beispielsweise im Bildungsausschuss der Fall ist, wenn es um ein neues Schulgesetz geht.

WOLF: Und wie genau kontrolliert der U-Ausschuss die Regierung?

FILZMAIER: Er prüft Dokumente und andere Unterlagen zu einem Regierungsvorgang. Und er befragt dazu eine Menge Leute. Etwa dazu, wie welche Aufträge von Ministerien vergeben wurden. Zum Beispiel, warum ein bestimmter Typ Kampfflugzeuge gekauft wurde. Oder wie Behörden organisiert sind und arbeiten, wobei da zuletzt das Bundesamt für Verfassungsschutz und Terrorismusbekämpfung im Mittelpunkt stand. Oder welche öffentlichen Stellen aus welchen Gründen mit wem besetzt wurden, und ob es eh keinen Postenschacher gab.

WOLF: Das Wort Untersuchung klingt ein wenig nach Staatsanwaltschaft und Gericht, das ist es aber nicht, oder?

FILZMAIER: Nein, das ist es nicht. Was ganz wichtig ist: Obwohl es natürlich auch ein Fehlverhalten einer Regierung geben kann, wird das im Ausschuss nur politisch und nicht strafrechtlich untersucht. In Untersuchungsausschüssen gibt es keine Angeklagten und schon gar kein Urteil, sondern eben bloß Auskunftspersonen und einen Abschlussbericht.

WOLF: Warum sind U-Ausschüsse eigentlich nur „medienöffentlich“, das heißt, es dürfen nur Journalistinnen und Journalisten zuschauen, aber keine „normalen“ Menschen? Und warum gibt es da keine Fernsehübertragungen, wie zum Beispiel in den USA?

FILZMAIER: Das ist ein umstrittenes Thema. Einerseits wäre es natürlich transparenter, wenn wir uns das live anschauen könnten. Ich will selbst beurteilen können, ob Oppositionspolitiker wirklich gemeine Fragen stellen oder Regierungspolitikerinnen arrogante Antworten geben. Warum sollen mir Parteimenschen der jeweils anderen Seite davon erzählen, ohne dass ich es sehen und überprüfen kann? Niemand will dafür alle Ausschussprotokolle nachlesen. Andererseits gibt es einen Haken: Wenn die Kameras mitlaufen, inszenieren sich womöglich alle Ausschussmitglieder und Auskunftspersonen in erster Linie für die Kameras.

WOLF: Am Ende gibt es also einen Bericht, oft sogar mehrere, weil sich die Parteien nicht auf einen gemeinsamen einigen können. Aber gibt es dann auch echte Konsequenzen? Bringen diese – oft sehr langwierigen – U-Ausschüsse konkret irgendwas?

FILZMAIER: Hm. Es ist schwierig, das pauschal zu beantworten, weil nach einem Ausschuss oft nicht klar ist, ob Veränderungen vor allem an der Ausschussarbeit lagen. Oder ein bisschen oder gar nicht. Aber der angesprochene Verfassungsschutz etwa wurde inzwischen komplett umorganisiert und neu aufgestellt.

WOLF: Ein U-Ausschuss ist ja ein sehr gewichtiges Instrument, das aber nicht sehr häufig eingesetzt werden kann, weil man dafür mindestens 46 Abgeordnete braucht. Und die dürfen, solange „ihr“

Ausschuss läuft, keinen weiteren verlangen. Das hat also Grenzen. Die Opposition kann aber auch parlamentarische Anfragen stellen, und das geht sehr häufig. Wozu sind diese Anfragen gut?

FILZMAIER: Parlamentarische Anfragen richten sich an ein Regierungsmitglied und drehen sich um eine Sachfrage, für die das jeweilige Ministerium zuständig ist. So kann das Parlament Auskunft verlangen, und für uns alle wird transparent, warum die Regierung dieses oder jenes gemacht hat. Zum Beispiel können wir bei einer parlamentarischen Anfrage erfahren, wie viel Geld wofür ausgegeben wurde.

WOLF: All diese Anfragen und die Antworten darauf kann man übrigens auf den Internetseiten des Parlaments nachlesen. Man muss ein bisschen suchen, bis man sie findet, sie sind aber oft hochinteressant und informativ. Auch weil sie immer länger und detaillierter werden.

FILZMAIER: Man kann die Parlamentssitzungen im Plenum auch live mitverfolgen. Da erlebt man das auch.

WOLF: Der Nationalrat hat noch ein besonders scharfes Instrument, zumindest theoretisch. Er kann die Regierung oder einzelne Ministerinnen und Minister durch einen sogenannten Misstrauensantrag feuern. Aber in der Praxis passiert das praktisch nie. Warum nicht?

FILZMAIER: Lange Zeit waren Misstrauensanträge eine Art politische Folklore. Das heißt, Oppositionsparteien haben sie gegen Ministerinnen und Minister oder Kanzler gestellt, und die Regierungsparteien haben sie mit ihrer Mehrheit abgelehnt. Allerdings wurde die Bundesregierung im Jahr 2019 nach der Ibiza-Affäre mit einem Misstrauensantrag abberufen, weil sich die Koalitionspartner ÖVP und FPÖ zerstritten hatten. Es funktioniert also manchmal doch. Wichtig ist noch zu sagen: Das Misstrauensvotum ist ein politisches Misstrauen, aber es ist kein Urteil darüber, ob jemand im strafrechtlichen Sinn etwas angestellt hat.

WOLF: Das Parlament wird normalerweise für fünf Jahre gewählt, so lange dauert eine Gesetzgebungsperiode oder Legislaturperiode, wie das auch heißt. Das war aber nicht immer so: Bis 2007 waren es vier Jahre. Damals haben alle Parteien gemeinsam beschlossen, die Periode zu verlängern. Das bedeutet aber auch, dass wir seltener wählen. Die Bevölkerung darf also seltener mitbestimmen, wer im Parlament sitzt. War das eine gute Idee?

FILZMAIER: Zynisch könnte ich fragen: Wo ist das Problem? Wir haben ohnedies oft vorgezogene Neuwahlen, da dauert die Gesetzgebungsperiode weder vier noch fünf Jahre. Im US-amerikanischen Repräsentantenhaus gibt es beispielsweise Perioden von zwei Jahren, der oberösterreichische Landtag hat eine Gesetzgebungsperiode von sechs Jahren – all das liegt im demokratischen Spektrum. Nur das Ursprungsargument der Verlängerung auf fünf Jahre, dass das zu mehr Sachlichkeit in der Politik führt, stimmt nicht so ganz.

WOLF: Weil?

FILZMAIER: Man hatte gesagt, es würde mehr Sacharbeit passieren, wenn die Zeit zwischen zwei Wahlen länger ist. Der Wiener Ex-Bürgermeister Michael Häupl meinte gar einmal, Wahlkampf sei die Zeit fokussierter Unintelligenz. Nur: Anders als in den USA haben wir ja nicht nur einen Wahltag, weil wir für den Bund und auf Länder- oder Gemeindeebene an getrennten Tagen wählen. Irgendwo ist also immer eine Wahl. Und auch eine Landtagswahl hat Wechselwirkungen mit der Bundesebene, Kampagnen und Wahlkampf mit geringer Sachlichkeit gibt es somit trotzdem.

WOLF: Dann hätte man gleichzeitig mit der Verlängerung auf fünf Jahre doch auch beschließen können, dass alle Wahlen – wie in den USA – am selben Tag stattfinden müssen, also für den Nationalrat, alle neun Landtage und alle Gemeinderäte. Wäre das nicht praktisch?

FILZMAIER: Viel Spaß, wenn du das politisch durchzusetzen versuchst. Denn es gibt ja nur zwei Möglichkeiten, dass sich das ausgeht. Entweder du lässt in mehreren Bundesländern länger nicht wählen, bis endlich der Wahltag gleich dem Termin für die Nationalratswahl ist. Das wäre nicht demokratisch. Oder du verkürzt in diesen Ländern eine Periode radikal, weil zugleich mit dem Bund gewählt werden muss. Das von den Landeshauptleuten zu verlangen dürfte ein ziemliches Himmelfahrtskommando sein. Zudem wird eine Partei, die in Landeswahlen traditionell viel besser abschneidet als auf Bundesebene – das trifft etwa für die SPÖ in Wien und die ÖVP in Niederösterreich zu –, niemals für gemeinsame Wahltage sein.

WOLF: Noch ein anderer Punkt: die „parlamentarische Immunität". Die Abgeordneten sind immun. Das heißt nicht, dass sie nicht krank werden können, sondern dass sie nicht so einfach vor Gericht kommen können. Das stammt noch aus der Monarchie. Warum gibt es das noch immer?

FILZMAIER: Man wollte geschichtlich – auch noch zur Kaiserzeit – die Abgeordneten vor politischer Willkür und politischem Druck schützen. Nach dem Motto: Man soll ihnen nicht einfach einen Prozess anhängen können oder sie mit Klagen überhäufen. Deshalb haben sie die Immunität für ihre politische Tätigkeit. Aber Achtung, Armin, das gilt nur für die politische Tätigkeit: Wenn du jetzt Parlamentarier wärst, dürftest du trotzdem nicht stockbesoffen Auto fahren und vielleicht in deinem betrunkenen Zustand auch noch eine Familie niedermähen. Denn die Immunität gilt nur, wenn ein Zusammenhang zu deiner politischen Tätigkeit besteht, und bei Volltrunkenheit am Steuer ist das sicher nicht der Fall.

WOLF: Ich möchte nur für das Protokoll festhalten, dass ich natürlich nie betrunken Auto fahre, weil ich nie betrunken bin.

FILZMAIER: Du bist überzeugter Antialkoholiker, ich weiß, aber ich wollte ein möglichst anschauliches Beispiel bringen.

WOLF: Gut, jetzt wissen das die Menschen auch.
Nun gibt es im Parlament außer dem Nationalrat noch eine zweite sogenannte Kammer: den Bundesrat. Das haben ja viele Länder: ein Parlament, das aus zwei Kammern besteht. In England, wo man das moderne Parlament erfunden hat, gibt es das Unter- und das Oberhaus. In den USA das Repräsentantenhaus und den Senat. Bei uns den Nationalrat und den Bundesrat. Aber warum eigentlich?

FILZMAIER: Wir haben ein politisches System, das sich Mehrebenensystem nennt. Ganz oben die EU, ganz unten die Gemeinde und dazwischen eben eine Bundes- und eine Länderebene, was Föderalismus genannt wird. In diesem System ist es logisch, dass die Ebene der Bundesländer durch eine zweite Kammer, eben den Bundesrat, und durch Ländervertreterinnen und -vertreter in der Volksvertretung auch vorkommt.

WOLF: Aber in den USA oder auch in Italien sind beide Kammern des Parlaments ziemlich gleich mächtig. In Österreich ist das ganz anders. Bei uns wird immer wieder diskutiert, ob man den Bundesrat überhaupt braucht, weil er so machtlos ist.

FILZMAIER: Wir sind zentralistischer als andere Länder, weil der Nationalrat in der Gesetzgebung mehr Kompetenzen hat als der Bundesrat. Zum Beispiel ist die Budgethoheit ausschließlich beim Nationalrat. Das heißt, das Bundesfinanzgesetz wird Jahr für Jahr nur im Nationalrat beschlossen. Der Bundesrat wird gar nicht gefragt. Dasselbe gilt für den Bundesrechnungsabschluss.

WOLF: Was darf der Bundesrat dann?

FILZMAIER: Der Bundesrat hat ein absolutes Vetorecht, wenn der Nationalrat meint, man solle ihn auflösen, sich selbst kann er also schützen. Er hat auch ein Vetorecht, wenn die Länderkompetenzen entscheidend geändert werden sollen. Sonst kann der Bundesrat durchaus gegen ein Gesetz sein, der Nationalrat kann aber einen Beharrungsbeschluss treffen, also sagen: Das Gesetz soll trotzdem in Kraft treten. Dafür braucht es auch keine besondere Mehrheit im Nationalrat, eine einfache Mehrheit genügt. Dann tritt dieses Gesetz mit etwas Verzögerung in Kraft, was nur bei speziellen Fristen und Zeitabläufen wichtig ist.

WOLF: Der Bundesrat kann Gesetze also nur verzögern, aber nicht verhindern. Wozu braucht man das?

FILZMAIER: Der Bundesrat ist trotzdem die Vertretung der Länder. Er kann – auch wenn es unüblich ist – Gesetze außerdem einleiten, wenn nämlich mindestens ein Drittel seiner Mitglieder dem Nationalrat einen Gesetzesentwurf übermitteln. Das ist ein sehr seltener Weg, aber eine Möglichkeit.

WOLF: Könnte man den Bundesrat abschaffen?

FILZMAIER: Nur mit einer Verfassungsänderung, die eine Volksabstimmung verlangen würde. Denn wenn man bei einer Verfassungsreform einen Dominostein angreift oder herausnimmt, fallen womöglich viele Steine um. Das ist wie dieser pyramidenähnliche Stapel mit Konservendosen im Supermarkt. Wenn ich eine Dose herausziehe, sollte ich mir vorher überlegen, was in der Folge passiert. Wenn der Bundesrat morgen nicht mehr da sein soll, habe ich zugleich das Gesamtgefüge des Föderalismus verändert und muss eine grundsätzliche Föderalismusdebatte führen. Das werden wir beide hier aber ohnehin noch tun.

WOLF: Letzte Frage: Wenn du dir bei der Art, wie unser Parlament organisiert ist oder wie unsere Abgeordneten arbeiten, etwas wünschen könntest, was wäre das dann?

FILZMAIER: Ich bin da als Wissenschaftler natürlich befangen, doch ich würde dem Parlament einen riesigen wissenschaftlichen Dienst voller parteiunabhängiger Expertinnen und Experten zur Seite stellen. Selbst will ich dort aber nicht mitarbeiten, ich fühle mich in der Zusammenarbeit mit dem ORF sehr wohl.

4

Parteien und Wahlen

In Österreich gibt es mehr als 1.200 Parteien. Warum kennen wir so wenige davon und wozu brauchen wir sie eigentlich? Warum gibt es in fast allen demokratischen Ländern sehr ähnliche Parteien?
Ist die Parteibuchwirtschaft bei uns schlimmer als anderswo?

ARMIN WOLF: Peter, was ist denn das größte Missverständnis über Parteien in Österreich?

PETER FILZMAIER: Dass man nur als Partei bei einer Wahl antreten kann. Das stimmt so nicht. Das ist auch als Namensliste möglich. Du und ich gemeinsam mit einigen Leserinnen und Lesern könnten auch als Liste „Der Professor und der Wolf" bei einer Wahl antreten.

WOLF: Interessante Idee, das werden wir vielleicht später noch besprechen. Aber machen wir es einmal grundsätzlicher: Warum gibt es Parteien überhaupt? Wozu brauchen wir die?

FILZMAIER: Es findet sich für eine Partei eine Gruppe von Personen zusammen, die einerseits ähnliche gesellschaftliche Vorstellungen – sogenannte Ideologien – hat, wie unser Zusammenleben gestaltet werden soll. Und die andererseits auch konkrete, gleiche oder ähnliche politische Pläne hat. Beispielsweise wie das Steuerrecht gestaltet sein soll – also wie viel Steuer gezahlt werden soll und wofür das eingenommene Steuergeld am besten auszugeben ist –, wie in den Schulen was unterrichtet werden soll, oder ob wir eine strikte oder doch eine liberale Zuwanderungspolitik haben sollen. Parteien vertreten also die gesammelten politischen Überzeugungen und Interessen einer Gruppe von Menschen und versuchen, den politischen Prozess in diesem Sinn zu beeinflussen. Der Unterschied zu klassischen Interessengruppen ist: Parteien wollen Einfluss ausüben, indem sie Teil des Parlaments und der Regierung werden. Lobbys versuchen hingegen, die Politik von außen zu beeinflussen.

WOLF: Eine Partei zu gründen ist in Österreich ja sehr einfach. Was muss ich da tun?

FILZMAIER: Eine Parteigründung würden wir beide rein formal locker schaffen, unabhängig von unserer vielleicht ja jetzt bevorstehenden

Kandidatur als „Der Professor und der Wolf“-Liste. Man muss nur beim Innenministerium ein Parteistatut hinterlegen. Das kann sehr einfach formuliert sein, beispielsweise mit dem Parteiziel, für eine bessere Demokratie oder für ein schöneres Leben zu sein. Das Einzige, was nicht möglich wäre, das sind Parteiziele, die einen Straftatbestand darstellen. Eine Partei für Mord und Totschlag, eine Partei zur Förderung der Korruption oder auch eine Partei für nationalsozialistische Wiederbetätigung darf es nicht geben.

WOLF: Wir könnten also die Partei für das Gute, Wahre und Schöne und gegen das Böse und Schiache gründen. Und weil das so einfach ist, sind in Österreich tatsächlich mehr als 1.200 Parteien registriert, von der Autonom revolutionär subversiv chaotischen Hackler Partei, Abkürzung A.R.S.C.H. – tut mir leid, die gibt es wirklich –, über die Hanf-Partei oder das Hausfrauenkartell bis zur Männerpartei. Die sind alle beim Innenministerium eingetragen. Warum kennen wir sie dann nicht?

FILZMAIER: Du hast jetzt, aus welchen Gründen auch immer, die Partei für sexuelle Ausschweifungen vergessen und die Heinzelmännchen-Partei, die gibt es beide auch. In der Aufstellung des Innenministeriums als zuständige Behörde sind zum Zeitpunkt unseres Gesprächs 1.258 Parteien erfasst. Wir nehmen sie nicht alle wahr, weil die meisten davon selten oder nie Aktivitäten gesetzt haben, die öffentlich aufgefallen sind. Schon gar nicht haben es die meisten dieser vielen Parteien jemals auf den Stimmzettel einer Wahl geschafft.
Und was noch dazukommt: Die Liste des Innenministeriums wird laufend ergänzt, wenn eine neue Partei hinzukommt. Aber das Ministerium führt keine regelmäßige Prüfung durch, ob die jeweilige Partei aktuell überhaupt noch politisch aktiv tätig sein will oder kann.

WOLF: Du glaubst also, die Autonom revolutionär subversiv chaotischen Hackler gibt es möglicherweise gar nicht mehr?

FILZMAIER: Das vermute ich. Bei der Frage nach der Entstehung dieser A.R.S.C.H-Partei hat uns ja der Historiker Claus Oistric als Zuhörer unseres Podcasts weitergeholfen. Die Partei dürfte 1986 in der Punkszene von Wien und Linz aus dem direkten Umfeld des autonomen Stadtteilzentrums „Rotstilzchen" heraus entstanden sein. Grob geschätzt müssten die Parteigründer mittlerweile nahe dem Pensionsalter sein. Allzu viele Punks um oder über 60 Jahre dürfte es kaum geben.

WOLF: Dabei waren die damals nicht nur politisch ambitioniert, sondern auch sportlich!

FILZMAIER: Als Sportfan habe ich von Claus Oistric auch gelernt, dass damals parallel zur Partei auch der Fußballverein Dinamo Rotstilzchen gegründet wurde. Der wollte dann gleich gegen die österreichische Nationalmannschaft kicken. Nur fanden unsere Teamspieler die Idee offenbar weniger gut, sodass das Match nicht zustande kam.

WOLF: Das Projekt war also weder sportlich noch politisch besonders erfolgreich. Schade eigentlich ... Aber um wieder ernsthaft zu werden: Die wichtigste Funktion von Parteien ist es, ins Parlament zu gelangen. Dazu müssen sie bei Wahlen antreten, aber das ist offenbar nicht so einfach, denn die allermeisten Parteien treten nie bei Wahlen an. Warum nicht?

FILZMAIER: Ich muss laut Gesetz mit einer Partei schon die grundsätzliche Absicht haben, irgendwann einmal bei einer Wahl anzutreten. Es wird aber nicht überprüft, ob ich es wirklich versuche, und manche schaffen das auch einfach nicht. Denn der einfachste Weg, bei einer Wahl zu kandidieren, ist, wenn mindestens drei Nationalratsabgeordnete einen Wahlvorschlag unterschreiben. Das tun diese aber in der Regel nur für ihre eigene bestehende Parlamentspartei und nicht für eine neue Parteiliste. Obwohl sie theoretisch dürften, wollen Abgeordnete ja nicht die Konkurrenz unterstützen. Daher braucht die neue Partei oder Liste bei einer Nationalratswahl 3.600 Unterstützungserklärungen von Wählerinnen und Wählern, um auf den Stimmzettel zu kommen. Das scheint bei rund 6,4 Millionen Wahlberechtigten nicht viel zu sein und ist doch viel.

WOLF: Wie das?

FILZMAIER: Wenn ich in ganz Österreich auf dem Stimmzettel sein möchte, muss bei den 3.600 Unterschriften auch eine Mindestzahl pro Bundesland dabei sein. In den kleinen Bundesländern wie Vorarlberg und Burgenland beispielsweise mindestens je 100 Unterschriften, in den großen Bundesländern Wien und Niederösterreich jeweils 500. Das verlangt eine gewisse Organisationsstruktur.

WOLF: Allzu viel sind ein paar hundert Unterschriften pro Bundesland aber auch wieder nicht, die müssten sich doch organisieren lassen?

FILZMAIER: Na ja. Ohne Geld und Personal dafür? Denn das haben neue Parteien, die noch keine Parteienförderung bekommen, oft nicht. Wenn sich zudem rund um den Neusiedler See eine Partei gründet, die für weniger Burgenländerwitze eintritt, wird sie im Burgenland problemlos 100 Unterschriften sammeln können. Vielleicht finden sich aber anderswo keine Unterstützerinnen und Unterstützer. Wenn die Parteigründer mit einem Durchschnittseinkommen berufstätig sind, können sie auch nicht einfach mal so einige Zeit überallhin von Kärnten bis nach Tirol oder Vorarlberg reisen, um für sich Werbung zu machen. Dann würde diese Partei nur im Burgenland auf dem Stimmzettel stehen und hätte österreichweit praktisch keine Chance, in den Nationalrat einzuziehen. Ich bitte alle Burgenländerinnen und Burgenländer für dieses Beispiel um Entschuldigung, doch wollte ich die Sache anschaulich erklären.

WOLF: Bleiben wir beim Wahlrecht, denn das hat interessanterweise sehr viel Einfluss darauf, wie viele Parteien in einem Parlament vertreten sind. Es gibt ja unterschiedliche Typen von Wahlrecht. Die beiden wichtigsten sind das Mehrheitswahlrecht, wie es beispielsweise die USA oder Großbritannien haben, und das Verhältniswahlrecht wie in Österreich und in Deutschland. Fangen wir kurz beim Verhältniswahlrecht an. Das begünstigt eine größere Zahl an Parteien im Parlament. Warum?

FILZMAIER: Weil jede Partei ab einem bestimmten Stimmenanteil anteilig im Parlament vertreten ist. In Diskussionen um Wahlrechtsformen ist das Hauptargument für das Verhältniswahlrecht Gerechtigkeit. Wenn eine Partei ungefähr zehn Prozent der Wählerstimmen bekommt, soll sie in dieser Argumentation in etwa auch zehn Prozent der Abgeordneten im Parlament stellen. Eine Partei mit 20 Prozent soll ungefähr 20 Prozent der Volksvertreter und Volksvertreterinnen stellen, und so weiter.

WOLF: Aber warum stellt dann nicht eine Partei mit einem Prozent der Wähler auch ein Prozent der Abgeordneten, also zwei von den 183?

FILZMAIER: Weil es in Österreich und Deutschland die schon erwähnte Mindestprozentklausel gibt. Vier Prozent der Stimmen sind es bei uns, fünf Prozent in Deutschland. Damit will man verhindern, dass zu viele Kleinstparteien in das Parlament einziehen, und da sind wir bei der möglichen Schwäche des Verhältniswahlrechts: Parteienvielfalt ist natürlich positiv, gibt es jedoch sehr viele Parteien, wird die Mehrheitsfindung für ein Gesetz und auch für eine Koalition unter Umständen schwierig, weil sich Zweier-Mehrheiten in Österreich zwar bisher immer ausgingen, aber vielleicht irgendwann nicht mehr ausgehen werden. Dreier- und Vierer-Mehrheiten für eine Koalition auszuverhandeln, das ist naturgemäß viel schwieriger.

WOLF: Das Verhältniswahlrecht heißt also so, weil die Mandate ungefähr im Verhältnis des Wahlergebnisses auf die Parteien verteilt werden. Im klassischen Mehrheitswahlrecht wie in den USA ist das anders. Da gibt es typischerweise nur zwei große Parteien. Wie kann man das möglichst einfach erklären?

FILZMAIER: Im Mehrheitswahlrecht gibt es in den USA und genauso in Großbritannien Einpersonen-Wahlkreise. Im Wort ist schon inkludiert, dass man für die Person stimmt und nicht für die Partei, der diese Person angehört. Und es ist so, dass diese eine Person im jeweiligen Wahlkreis das Mandat im Parlament bekommt, alle anderen Kandidaten und Kandidatinnen – und somit ihre Parteien – bekommen im Umkehrschluss logischerweise gar nichts. Das führt dazu, dass Parteien mit einem Kandidaten oder einer Kandidatin, der oder die einen Achtungserfolg mit zehn oder 20 Prozent der Wählerstimmen erzielt, nicht wie bei uns anteilig Sitze im Parlament haben.

WOLF: Das heißt, wenn in einem Wahlkreis nur zwei Personen auf dem Stimmzettel stehen und die Wahl mit 51 zu 49 Prozent ausgeht, gibt es das Mandat für die 51 Prozent – und die 49 Prozent sind mit ihren politischen Anliegen gar nicht im Parlament vertreten?

FILZMAIER: Der Wahlsieger sieht sich mit seinen 51 Prozent hoffentlich trotzdem als Vertreter des ganzen Volkes. Aber du hast recht, in der Politikwissenschaft bezeichnet man diese 49 Prozent als verlorene Stimmen. Weil sie für jemand abgegeben wurden, der oder die schlicht und einfach bis zur nächsten Wahl gar nicht mehr vorkommt. Das setzt eine Spirale in Gang, dass Drittparteien irgendwann den Spaß an der Sache verlieren und gar nicht mehr kandidieren, weil nur Kandidatinnen und Kandidaten von zwei großen Parteien eine realistische Sieg- und Mandatschance haben. Umgekehrt gibt es übrigens überzählige Stimmen. Weil es ja jeweils nur einen Parlamentssitz gibt, egal ob der Sieger 51 Prozent oder 80 bis 90 Prozent aller

Stimmen bekommen hat. Wer besonders klar gewinnt, kriegt keinen Zusatzbonus.

WOLF: Diese zwei großen Parteien sind üblicherweise eine konservative und eine sozialdemokratische, also eine rechte und eine linke. Aber wo kommen eigentlich die politischen Bezeichnungen her: rechts und links?

FILZMAIER: Ursprünglich bezog sich das auf die Sitzordnung im Parlament, nämlich vor weit über 200 Jahren in den Vorläufern der französischen Nationalversammlung. Da wurde eine Partei als rechts oder links bezeichnet, je nachdem, wo sie zufällig saß. Die Konservativen hatten ihre Sessel eben rechts. Und diejenigen, die neue Werte und Veränderungen schaffen wollten, waren links platziert. Aber natürlich meint man im heutigen Begriffsverständnis ideologische Gegensätze zwischen Rechten und Linken.

WOLF: Darüber reden wir gleich. Aber wenn wir schon dabei sind: Parteien haben ja auch Farben. Die SPÖ, das sind die Roten. Die FPÖ: die Blauen. Die ÖVP war immer schwarz, bis sie dann unter Sebastian Kurz türkis geworden ist. Was hat es mit diesen Farben auf sich?

FILZMAIER: Oft hat sich eine Partei irgendwann selbst ihre Farbe ausgesucht, manchmal hat sie die Farbe vom politischen Gegner in der öffentlichen Diskussion verpasst bekommen. Zum Beispiel war Rot als Farbe der Sozialisten – heute Sozialdemokraten – ursprünglich die Farbe der Reichen und Herrschenden. Denn der rote Farbstoff war einst sehr teuer und den konnte sich nur leisten, wer sehr reich war. Aber die Jakobiner, eigentlich eine bürgerliche Gruppe von Revolutionären, haben während der Französischen Revolution beim Protest gegen die Herrschenden rote Kapuzen getragen. Das hat offenbar den Sozialisten gefallen, sodass sie dann später rote Fahnen geschwungen haben, und dabei geblieben sind. Die christdemokratische ÖVP hat sich ursprünglich hingegen nicht ganz so freiwillig die Farbe Schwarz ausgesucht. Sondern man hat gesagt: Das ist die Partei der Kirche, und die Pfarrer tragen Schwarz. Deshalb: Das sind die Schwarzen.

WOLF: Und woher kam dann das Türkis?

FILZMAIER: Als Sebastian Kurz 2017 Bundesparteichef der ÖVP wurde, wollte er einen Neuaufbruch signalisieren. Deswegen hat er den Parteinamen leicht abgeändert, von Österreichische Volkspartei zu Neue Volkspartei. Auch das Logo und andere Symbole der Partei wurden neu gestaltet, und man hat sich zusätzlich eine neue Parteifarbe gegeben. Das war eben Türkis. Türkis hat man auf Bundesebene immer noch als Farbe, auf Länderebene kehrt man zunehmend zu Schwarz zurück.

WOLF: Zur Farbe Türkis gibt es also bei der ÖVP keinen inhaltlichen Bezug. Wie ist das mit dem Blau der FPÖ?

FILZMAIER: Blau ist auch die Farbe der Kornblume und deshalb Symbol der FPÖ. Wobei die FPÖ gerne erzählt, dass die Kornblume das Zeichen bürgerlichen Protests im Jahr 1848 gewesen sei, was geschichtlich geschönt ist. Jedenfalls war sie in der Kaiserzeit aber die Farbe der Deutschnationalen. Eine Kornblume zu tragen war dann auch das Erkennungszeichen der illegalen Nazis in der Zwischenkriegszeit. Und deshalb wird die FPÖ für diese Farbwahl oft kritisiert.

WOLF: Bei den Grünen ist die Farbwahl wohl selbsterklärend. Und warum sind die NEOS pink?

FILZMAIER: Grün ist die Farbe der Natur und war damit für eine Umweltpartei logisch. Mit Pink ist es ähnlich wie beim Türkis der ÖVP: Irgendwann hatte man im Parteienspektrum alle Farben durch. Gelb war zum Beispiel das Liberale Forum in den 1990er Jahren und orange das BZÖ von Jörg Haider. Neue Parteien haben dann das genommen, was noch da war.

WOLF: Kommen wir zu den Inhalten und zurück zu den beiden großen Parteien, die es praktisch überall gibt. Also in den USA die konservativen Republikaner und die linken Demokraten, in Großbritannien die konservativen Tories und die linke Labour Party, in Deutschland und in Österreich die konservativen Christdemokraten und die linken Sozialdemokraten, die bei uns ÖVP und SPÖ heißen. Warum gibt es genau diese beiden Parteien überall in westlichen Demokratien?

FILZMAIER: Oft entstehen Parteien entlang von Konfliktlinien der Gesellschaft, von Interessengegensätzen, beispielsweise zwischen Arbeitnehmern – früher vor allem Arbeitern und Arbeiterinnen, heute zunehmend Angestellten – auf der einen Seite und den Firmenbesitzern als sogenanntes Kapital auf der anderen Seite. Entlang dieser Konfliktlinie sind die Sozialdemokraten, die sich einst Sozialisten nannten, entstanden. Natürlich nicht nur im kleinen Österreich, sondern europaweit und darüber hinaus. Eine andere solche Konfliktlinie ist jene zwischen Staat und Kirche. Im Zusammenhang mit deren Verhältnis wurden christdemokratische Parteien gegründet, so auch die ÖVP.

WOLF: Diese Konfliktlinien sind in der Politikwissenschaft ein wichtiger Begriff. Man nennt sie *cleavage*, englisch für Kluft oder Spalt, und meint damit diese Bruchlinien, aufgrund derer man sich für bestimmte Parteien entscheidet. Da gibt es aber noch mehr.

FILZMAIER: Eine weitere Konfliktlinie wäre beispielsweise jene zwischen Wirtschaft und Umwelt. Entlang dieser entstanden in den 1980er Jahren die Grünen, ursprünglich als soziale Bewegung, später als Partei.

WOLF: Diese traditionellen Parteibildungen, die es sehr lange gegeben hat, lösen sich langsam auf. Ein bisschen klischeehaft gesagt: Ein Bauer in Tirol hat immer die ÖVP gewählt und eine Hilfsarbeiterin in Wien immer die SPÖ. Welche dieser Konfliktlinien, dieser *cleavages*, sind heute noch relevant?

FILZMAIER: Tendenziell ist es immer noch so, dass die Arbeiterschaft – die aber aufgrund der Entwicklung zur Dienstleistungsgesellschaft zahlenmäßig immer kleiner wird und bei der die SPÖ massiv Stimmen an die FPÖ verloren hat – sich von der Sozialdemokratie in ihren Interessen vielleicht besser vertreten fühlt, als das ein Bauer tun würde. Die Bauern und Bäuerinnen wiederum fühlen sich aufgrund der mächtigen ÖVP-Teilorganisation Bauernbund in dieser am besten vertreten.

WOLF: Aber dann dürften SPÖ und ÖVP heute doch nicht so viel weniger Stimmen bei Wahlen bekommen als früher.

FILZMAIER: Nicht, wenn die Arbeiter- und Bauernschaft ständig kleiner wird. Aber du hast recht: Im vorigen Jahrhundert gab es eine Zeit, in der 80 Prozent der Wählerinnen und Wähler Stammwähler waren, also SPÖ oder ÖVP und zu einem kleinen Teil FPÖ als „ihre“ Partei gewählt haben, komme, was da wolle. Der Rest war Zünglein an der Waage oder blieb trotz Wahlpflicht zu Hause. Heute ist die Gesellschaft mobiler und vielfältiger geworden, nicht zuletzt, was die Berufsgruppen betrifft. Dadurch hat die Zahl der Wechselwählerinnen und -wähler stark zugenommen. Wir haben sogar Leute, die sich im Selbstverständnis als ständige Wechselwählerinnen und -wähler sehen, also nicht nur irgendwann einmal wen anderen wählen. Die kriegen die große Krise, wenn sie drei Mal hintereinander dieselbe Partei gewählt haben.

WOLF: Neben den Konservativen und den Sozialdemokraten haben die meisten Länder mit Verhältniswahlrecht – wie Österreich – noch andere Parteien. Fast überall gibt es auch eine liberale Partei, die sehr stark marktwirtschaftlich und gegen einen zu großen Einfluss des Staates engagiert ist. Das wären bei uns die NEOS, in Deutschland die FDP. Seit den 1980er Jahren, als die Umwelt ein sehr großes Thema wurde, gibt es praktisch überall grüne Parteien, und in den letzten Jahrzehnten sehr oft auch populistische Parteien: die FPÖ in Österreich, die AfD in Deutschland, oder die Schwedendemokraten. Was macht so eine populistische Partei aus?

FILZMAIER: *Populus* bedeutet auf Lateinisch Volk, und populistische Parteien behaupten, für die Interessen und die Meinung des Volkes zu sprechen. Das ist zwangsläufig unrichtig, denn es gibt bei keinem politischen Thema die eine Meinung des Volkes. Meistens gibt es auch nicht nur zwei, sondern vier oder fünf, vielleicht auch zehn und mehr Meinungen. Und es gibt eine Menge Menschen, die keine Meinung haben. Aber populistische Parteien behaupten trotzdem, das Volk sozusagen hinter sich versammelt zu haben.

WOLF: Populistische Parteien sind so einfach zu beschreiben?

FILZMAIER: Sie bieten auch oft einfache Lösungen an, die meistens Scheinlösungen sind. Und sie scheitern oft, wenn sie in der Regierung sind. Dann stellt sich nämlich heraus, dass diese einfachen Lösungen bei komplizierten und komplexen Problemlagen nicht funktionieren. Typisch für populistische Parteien ist zudem: Sie sind gegen „die da oben“, gegen die etablierte Politik, aber auch oft gegen die Wissenschaft, gegen die Medien – zumindest gegen traditionelle Medien –, gegen die Kunst. Grundsätzlich sind sie viel dagegen – gegen Globalisierung, gegen die EU, gegen Zuwanderung. Seltener definieren sie sich als für etwas.

WOLF: Also für das Volk und gegen das System – das ist die Grundausrichtung. Nun hat Österreich da eine recht ungewöhnliche Entwicklung genommen: Nach dem Zweiten Weltkrieg wurden die beiden traditionellen Parteien ÖVP und SPÖ neu gegründet, teilweise mit denselben Leuten wie vor dem Krieg, und sie haben dann bei Wahlen sehr lange, bis Mitte der 1980er Jahre, gemeinsam mehr als 90 Prozent, oft 95 Prozent der Stimmen gekriegt. Das kann man sich heute gar nicht mehr vorstellen. Und diese beiden Parteien haben das Land dann praktisch unter sich aufgeteilt: der sogenannte Proporz, die Parteibuchwirtschaft. Wie hat das funktioniert?

FILZMAIER: Man hat damals den Parteien zugetraut, in der Zweiten Republik das Land wiederaufzubauen. Wir hatten bis in die 1980er Jahre auch ein Zweieinhalb-Parteien-System mit einer sehr großen SPÖ, einer sehr großen ÖVP und einer sehr kleinen FPÖ, die mehr oder weniger auf fünf Prozent der Stimmen kam. Und es war früher im gesellschaftlichen Bewusstsein auch gar nicht sehr umstritten, dass die Parteien für alles zuständig waren. Wenn du beispielsweise eine geförderte Wohnung wolltest, bekamst du die mit einem je nach Bundesland roten oder schwarzen Parteibuch leichter. Wenn jemand Schuldirektor werden wollte, musste er in vielen Fällen ein rotes oder schwarzes Parteibuch haben. Es gab auch einen roten und einen schwarzen Autofahrerklub – auch wenn das heute bei ARBÖ und ÖAMTC vielen gar nicht mehr bewusst ist. Der Proporz war also wirklich überall.

WOLF: Dass man in Österreich für bestimmte Jobs das richtige Parteibuch braucht – oder dass es hilft, wenn man der richtigen Partei zumindest nahesteht –, das ist wohl noch immer nicht ganz vorbei, Stichwort *sideletter*.

FILZMAIER: Stimmt. Leider. Der Politikwissenschaftler Laurenz Ennser-Jedenastik hat zum Beispiel in einer Langzeitstudie nachgewiesen, dass bei Postenbesetzungen in Unternehmen mit Staatsanteil viel häufiger jemand mit roter, schwarzer oder blauer Parteinähe den Job bekommt, wenn SPÖ, ÖVP oder FPÖ gerade in der Regierung sind.

Was kaum purer Zufall sein kann. Allerdings haben die Parteien nicht mitbekommen, dass die Überzeugung der Gesellschaft, es sei schon gut so, dass eine Partei eine Patronage-Funktion in allen Lebensbereichen hat, längst verschwunden ist. Die einstigen Großparteien SPÖ und ÖVP haben folgerichtig – auch durch Skandalfälle – zumindest auf Bundesebene zunehmend an Stimmen verloren, als sie weiter mit diesem Proporzdenken reagieren wollten. Bei der FPÖ denkt die Wählerschaft bloß weniger daran, dass sie genauso viel Proporz betrieben hat, weil ihre Regierungsbeteiligungen immer nur kurz waren und vorzeitig scheiterten.

WOLF: Ich habe einmal gelesen, dass es in keinem demokratischen Land weltweit so viele Parteimitglieder gab wie in Österreich in den 1970er Jahren.

FILZMAIER: Das stimmt wohl heute noch. Sogar in den 1990er Jahren war es noch so, dass rund jeder dritte Wähler, rund jede dritte Wählerin von entweder SPÖ oder ÖVP gleichzeitig Parteimitglied war. Sowohl die Zahl der Wählerinnen und Wähler insgesamt als auch die Zahl der Parteimitglieder hat inzwischen abgenommen, aber im internationalen Vergleich sind wir in Österreich wahrscheinlich unverändert führend bei der Mitgliederzahl. Obwohl es gar nicht so leicht festzustellen ist, wie viele Parteimitglieder es genau gibt.

WOLF: Wieso das? Gibt es da keine offiziellen Statistiken?

FILZMAIER: Leider nein. Denn in der ÖVP etwa ist man im Regelfall nicht in der Bundespartei Mitglied, sondern bei einer der Teilorganisationen, den Bünden: also vor allem beim Bauernbund, Arbeiter- und Angestelltenbund, Wirtschaftsbund oder Seniorenbund. Und um es noch komplizierter zu machen: Es gibt da auch Doppel- und Mehrfachmitgliedschaften. Und manchmal wird, wenn jemand Parteimitglied ist, auch gleich die Familie mitgezählt.

WOLF: Kurz noch mal zur Parteiengeschichte in Österreich. Neben den beiden großen Parteien gab es nach dem Zweiten Weltkrieg noch einige Zeit die Kommunistische Partei, die stark aus der Sowjetunion unterstützt worden ist. Aber 1959 ist die KPÖ für immer aus dem Parlament geflogen. Dann gab es eine Partei, die viele Jüngere heute nicht mehr kennen, die aber wichtig war: der VdU, der Verband der Unabhängigen. Das war die Vorläuferpartei der FPÖ und sie bestand zu einem großen Teil aus ehemaligen Nationalsozialisten. Warum hatten die eine eigene Partei?

FILZMAIER: Bei den ersten Wahlen nach dem Krieg im November 1945 waren Ex-Mitglieder der NSDAP von der Wahl ausgeschlossen. Es war aber klar, dass man nicht bis zu 700.000 Österreicherinnen und Österreicher – so viele Ex-Nazi-Parteimitglieder gab es – für immer und ewig, quasi auf Lebenszeit, von allen Wahlen ausschließen kann. So wurde der VdU gegründet, als Sammelbecken ehemaliger Nationalsozialisten, aber auch von Heimatvertriebenen, von Rückkehrern aus der Kriegsgefangenschaft, und von sonst wie Unzufriedenen.

WOLF: Wie groß war diese Wählergruppe denn?

FILZMAIER: Bei den Wahlen 1949 hat der VdU immerhin zwölf Prozent der Stimmen erreicht. Wobei man auch ergänzen muss: Nicht nur der VdU hat sich um ehemalige Nazis als Stimmenbringer bemüht. Das haben auch ÖVP und SPÖ getan. Im Kabinett Bruno Kreiskys waren zum Beispiel sogar Anfang der 1970er Jahre noch vier ehemalige Nazi-Parteimitglieder österreichische Minister.

WOLF: Nach internen Konflikten ist aus diesem VdU in den 1950er Jahren die Freiheitliche Partei, die FPÖ, geworden, lange eine ziemlich unbedeutende Partei mit etwa fünf Prozent im Parlament. Die FPÖ war damals eine relativ liberale, gleichzeitig deutschnationale und ein bisschen verschlafene Altherrenpartei vor allem von Freiberuflern wie Anwälten oder Ärzten. Dann kam Mitte der 1980er Jahre ein junger Kärntner Parteisekretär: Jörg Haider. Und er hat daraus etwas ganz Neues gemacht, nämlich eine populistische, sehr laute und breite Anti-System- und Anti-Ausländer-Partei. Jörg Haider hat damit das politische System in Österreich nachhaltig verändert, oder?

FILZMAIER: Jörg Haider hat erkannt, dass man mit einer Stammwählerschaft, die wirklich sehr weit rechts und nationalistisch orientiert ist, zwar ins Parlament kommen kann, also bei einer Nationalratswahl die Vier-Prozent-Hürde überspringt. Aber wirklich wachsen kann man mit dieser Stammwählerschaft nie, und wenn es eine große Koalition gibt, wird man als Partei nicht einmal zum Zünglein an der Waage bei den Koalitionsverhandlungen. Also war er weder verschlafen, noch hat er sich auf die Ansprache ewiggestriger Deutschtümler beschränkt.

WOLF: Sondern?

FILZMAIER: Er hat die Partei erweitert, auch mit populistischen Inhalten, aber zum Beispiel vermehrt sozialpolitische Themen plakativ angesprochen. Und er hat den Parteienproporz, der immer unpopulärer wurde, als Anlass genommen, um sowohl der ÖVP als auch der SPÖ Stimmen wegzunehmen. Das hat bis dahin geführt, dass bei den Wahlen 1999 die FPÖ 27 Prozent der Wählerstimmen bekommen hat. Bei der Nationalratswahl 2017 waren es mit 26 Prozent nur knapp weniger. Nur: Immer, wenn die FPÖ dann in die Regierung kam, ging das schief. Drei Mal gab es eine Regierung mit einer Beteiligung der FPÖ: Mitte der 1980er Jahre mit der SPÖ, Anfang der nuller Jahre und 2017 bis 2019 mit der ÖVP. Jede dieser Koalitionen ist vorzeitig zerbrochen.

WOLF: Meine These dazu wäre, dass sich in der Regierungspraxis jedes Mal gezeigt hat, dass es mit den einfachen Antworten in Wahrheit eben doch nicht so einfach ist. Und dass die notwendigen Kompromisse mit einem Koalitionspartner dazu führen, dass Parteibasis und Wählerschaft sehr schnell enttäuscht sind. Das hat dann innerhalb der Partei jedes Mal zu massiven Verwerfungen geführt, bis hin zur Spaltung. Wie siehst du das?

FILZMAIER: Wie bei der Begriffsbeschreibung des Populismus vorhin festgestellt, ist die Welt eben komplexer und komplizierter, als dass es politisch immer einfache Antworten und Lösungen geben würde. Diese Erfahrung haben sowohl Funktionäre als auch Wählerinnen und Wähler der FPÖ beim Wechsel aus der Opposition in die Regierung gemacht und sich schwer damit getan. Als Grund für parteiinterne Verwerfungen kommt da meiner Meinung nach ein menschlicher Faktor hinzu: Gerade die Parteibasis war es in der Oppositionsrolle gewohnt, im Wirtshaus, auf dem Sportplatz oder anderswo auf die Regierung zu schimpfen und dafür viel Zuspruch zu bekommen. Plötzlich war man selbst in der Rolle des Beschimpften, womit nicht leicht umzugehen ist. Die Enttäuschung und den Ärger darüber hat man auch an der eigenen Parteispitze ausgelassen.

WOLF: Wird es in letzter Zeit eigentlich leichter für neue Parteien oder sieht das nur so aus? Die NEOS sind jetzt doch schon rund zehn Jahre im Nationalrat und in fast allen Landtagen. Es tauchen auch immer wieder neue Parteien auf, wie die MFG, eine Anti-Corona-Maßnahmen-Partei mit Abgeordneten im Landtag von Oberösterreich, oder die Bierpartei von Marco Pogo. Werden wir in Zukunft mehr Parteien im Nationalrat sehen?

FILZMAIER: Das ist wahrscheinlich, dass es immer wieder einmal neue Gruppierungen gibt, denn Parteien haben Vertrauenswerte von nur mehr 20 Prozent und noch weniger. Der Rest misstraut den politischen Parteien. Oder umgekehrt formuliert: 80 Prozent und mehr sind enttäuscht oder verärgert über etablierte Parteien, und zwar quer durch alle traditionellen Parteifarben.

WOLF: Wo kommt dieses extreme Misstrauen gegen Parteien, das in den letzten Jahren und Jahrzehnten so rasant gewachsen ist, eigentlich her?

FILZMAIER: Das liegt einerseits an selbstverschuldeten Skandalen und an mangelnder Lösungskompetenz, vielleicht aber genauso an einer komplizierter und komplexer werdenden Welt. Was Parteien immer gerne angeboten haben, nämlich einen Staat, der sich um alles kümmert und es löst, das funktioniert einfach nicht mehr. Sehr oft geht es nur noch um Schadensbegrenzung – gerade in Krisensituationen wie Pandemie oder Kriegsfolgen. Da steckt aber schon im Begriff, dass ein großer Schaden da ist, den man nicht einfach mal so beheben kann, und neue Parteien haben eine Chance.

WOLF: Neue Parteien profitieren also auch einfach von Skandalen der bestehenden Parteien?

FILZMAIER: Ja. Wenn wir beide jetzt mit unseren Leserinnen und Lesern eine Partei namens KEINE – Langbezeichnung „Keine von denen da oben" – gründen und es auf die letzte Stelle des Stimmzettels schaffen – als neue Partei steht man meistens ganz unten oder hinten –, ich wette, wir hätten eine Chance, die Vier-Prozent-Hürde zu schaffen. Denn KEINE würde sicher oft angekreuzt. Das Kürzel KEINE übrigens deswegen, weil man nicht mehr als fünf Buchstaben als Kurzbezeichnung haben darf.

WOLF: Reden wir noch kurz über die Parteienfinanzierung. Die funktioniert ja prinzipiell über Mitgliedsbeiträge und Spenden oder über Subventionen vom Staat, und da ist Österreich ungewöhnlich großzügig. Die staatliche Parteienfinanzierung in Österreich ist sehr, sehr hoch. Warum?

FILZMAIER: Es gibt zwei grundsätzliche Überlegungen, wie Parteienfinanzierung erfolgen soll. Entweder durch den Staat mit Steuergeld oder sie müssen sich selbst mit Mitgliedsbeträgen und Spenden finanzieren. In Österreich gibt es hohe Parteienförderungen, die der Staat und damit wir alle mit unseren Steuern bezahlen. Weil man der Meinung ist, eine Partei soll nicht von einzelnen großen Spendern und Spenderinnen abhängig sein. In Österreich wäre das auch ein sehr kleiner Personenkreis, der für Großspenden infrage kommt, und ausländisches Kapital von Firmen als Fremdeinfluss auf österreichische Parteien wäre noch schlimmer. Ich halte daher das öffentliche System der Parteienfinanzierung, wie wir es haben, und die Förderungen auch für besser argumentierbar als Spenden.

WOLF: Wobei aber sowohl die staatliche Parteienförderung als auch die privaten Spenden immer wieder kritisiert werden. Warum beides?

FILZMAIER: Das Problem ist: Wir hatten zumindest sehr lange Zeit Doppelgleisigkeiten. Parallel zur staatlichen Finanzierung gab es sehr wohl die Möglichkeit hoher Parteispenden, die erst spät begrenzt wurden. Und es gab ein undurchsichtiges Geflecht von Vorfeldorganisationen und Vereinen im Umfeld von Parteien, für die dann auch gespendet wurde.

WOLF: Dann gibt es noch die berühmten Parteisteuern. Die müssen wir beide nicht bezahlen, wer aber zahlt die?

FILZMAIER: Die Parteisteuern zahlen politische Amtsträger einer Partei, also beispielsweise ein Minister, eine Ministerin einer Partei, oder auch Abgeordnete. Sie zahlen einen bestimmten Teil ihres Gehalts an ihre Parteiorganisation. Historisch betrachtet kann man das verstehen, denn früher gab es keine Parteienförderung. Das heißt, eine Partei war darauf angewiesen, von den Amtsträgern, die ja ganz gut verdient haben, Geld zu bekommen. Man hielt das auch aus Sicht der Partei für fair, denn die Menschen sind ja nur durch die Partei in ihr politisches Amt gekommen. Heute ist das allerdings kaum noch zeitgemäß. Weil es eben längst so viel Parteienförderung und damit mehr als genug Geld für die Parteien gibt.

WOLF: Letzte Frage: Wenn du an der Art, wie Parteien in Österreich organisiert oder gesetzlich geregelt sind, irgendetwas ändern könntest, was wäre das?

FILZMAIER: Ich würde auf jeden Fall die Regeln dafür, was Parteien mit ihrem Geld tun dürfen, noch transparenter gestalten. Und ich würde eine persönliche Haftung bei Verstößen gegen das Parteiengesetz einführen. Jeder Geschäftsführer eines Kleinunternehmens muss bis zu 50.000 Euro aus seinem Privatvermögen zahlen, wenn er mit seiner Firma bei der Anmeldung für die Sozialversicherung der Mitarbeiter und Mitarbeiterinnen irgendetwas falsch macht. Wenn eine Partei die Wahlkampfkosten-Obergrenze um Millionen überschreitet, muss die Partei zwar eine Geldstrafe zahlen, aber den Parteichefs und -chefinnen, den Geschäftsführern oder Generalsekretärinnen der Partei passiert genau gar nichts. Die könnte man auch haftbar machen.

5

Die Bundesländer

Weshalb hat ein so kleines Land wie Österreich neun verschiedene Bundesländer? Warum genau diese neun? Brauchen wir neun verschiedene Bauordnungen und Jugendschutzgesetze? Wie mächtig sind die „Landesfürsten" wirklich und könnte man auch Bundesländer abschaffen?

ARMIN WOLF: Was ist das größte Missverständnis über die Bundesländer in Österreich?

PETER FILZMAIER: Dass bei uns alles von den Bundesländern politisch entschieden wird. Im Vergleich zu anderen föderalen Staaten sind wir ziemlich zentralistisch: Es wird auf Bundesebene viel mehr entschieden als in den Ländern.

WOLF: Ein interessanter Punkt, über den wir gleich noch mehr reden werden. Der berühmte Artikel 1 der Bundesverfassung lautet ja: „Österreich ist eine demokratische Republik. Ihr Recht geht vom Volk aus." Was eine Demokratie und eine Republik ist, wissen wir bereits. Aber in Artikel 2 der Verfassung steht: „Österreich ist ein Bundesstaat." Was ist ein Bundesstaat?

FILZMAIER: Bundesstaaten sind Staaten, die in Teileinheiten organisiert sind, die mehr oder weniger unabhängig sind, und die im Bereich Gesetzgebung und Verwaltung mehr oder weniger eigenständig handeln können. Und diese Teileinheiten heißen beispielsweise in Österreich und Deutschland Bundesländer oder Länder, in der Schweiz Kantone, und in den USA Einzelstaaten.

WOLF: Nun ist Österreich ja an sich schon kein sehr großer Staat und es leben auch nur neun Millionen Menschen hier. Und dann haben wir neun, zum Teil nicht sehr große, Bundesländer? Haben das andere Staaten in Europa auch?

FILZMAIER: Ja und nein, das können sich alle – ob sie nun für oder gegen den Föderalismus sind – so oder so zurechtrechnen, wie sie es brauchen. Die Schweiz beispielsweise hat etwa gleich viele Einwohnerinnen und Einwohner wie Österreich, aber 26 Kantone, statt nur neun Bundesländer wie wir. Deutschland ist zehn Mal größer als Österreich, hat aber nicht zehn Mal so viele Länder, sondern nicht einmal doppelt so viele. Die USA sind fast 40-mal größer, haben im Verhältnis aber auch nicht so viel mehr Teileinheiten als Österreich. Und Russland wiederum ist nur halb so groß wie die USA von der Bevölkerungszahl her, hat aber gleich 85 sogenannte Föderationssubjekte.

WOLF: Und warum haben wir genau diese neun Bundesländer? Österreich wurde ja nach dem Ersten Weltkrieg und dem Ende der österreichisch-ungarischen Monarchie quasi neu konstruiert und war auch nur mehr ein Achtel so groß wie vorher. Warum hat man das kleine Land, das dann noch übrig war, genau in diese Bundesländer aufgeteilt?

FILZMAIER: Sieben der neun Bundesländer gab es damals schon. Diese als identitätsstiftendes Merkmal in dem Rest, der von Österreich geblieben war, auch noch abzuschaffen, das hielt man für keine gute Idee. Hinzu kam Wien. Das war vorher ein Teil von Niederösterreich und ja auch lange dessen Hauptstadt. Und es kam das Burgenland hinzu, das wurde von Ungarn abgegeben.

WOLF: Es war aber nicht von Anfang an klar, dass diese neun Bundesländer auch genau so bleiben. Da gab es auch noch mehrere Volksabstimmungen.

FILZMAIER: Es wurden in fünf Bundesländern Abstimmungen durchgeführt, ob man zur Gänze oder in Teilen zu einem anderen Staat will. Zum Beispiel war in Vorarlberg mehr als eine Zweidrittelmehrheit für eine Angliederung an die Schweiz. Nur hatte die Schweizerinnen und Schweizer niemand gefragt. In Tirol – deinem Heimatbundesland – und in Salzburg hat man darüber abgestimmt, ob man an Deutschland angeschlossen werden will. Es gab da ebenfalls Mehrheiten dafür. Das war freilich keine rechtsverbindliche Abstimmung, hat aber die Sensibilität des Themas gezeigt.

WOLF: Und zwei Mal ging es nicht um das ganze Bundesland, sondern um Teile davon.

FILZMAIER: So ist es. In Kärnten wurde darüber abgestimmt, ob Teile im Süden des Landes, wo auch besonders viele Slowenisch sprechende Kärntnerinnen und Kärntner gelebt haben, an den SHS-Staat – den Staat der Slowenen, Kroaten und Serben – gehen sollen. Man ist dann bei Kärnten geblieben. Und im Burgenland wurde in Ödenburg – Sopron – und in Nachbargemeinden darüber abgestimmt, ob man zu Ungarn oder zum Burgenland will. Die Entscheidung des Volkes war bei Sopron zu bleiben, also Teil Ungarns zu sein. Auch die Abstimmungsmethode war interessant. Da gab es nämlich einen blauen Zettel – man will bei Ungarn bleiben – und einen orangen Zettel – man will zum Burgenland. Man hat beide Zettel wieder in das Stimmkuvert gegeben. Aber den, den man nicht wollte, hat man zerrissen.

WOLF: Originelle Variante, hat sich aber offenbar nicht durchgesetzt. Das Ergebnis war übrigens ein bisschen blöd für das Burgenland, weil Ödenburg eigentlich die Landeshauptstadt werden sollte, aber als Sopron lieber bei Ungarn geblieben ist. Apropos Hauptstadt: Niederösterreich hat noch gar nicht so lange eine Hauptstadt.

FILZMAIER: Erst seit 1986. Bis dahin waren der niederösterreichische Landtag und die Landesregierung in Wien zu Hause, im heutigen Palais Niederösterreich in der Herrengasse. Dabei wurden die beiden Bundesländer schon 1922 formal getrennt, vorher gab es einen gemeinsamen Landtag. Diese Trennung war ein großes Anliegen der niederösterreichischen Christlich-Sozialen, der Vorgängerpartei der ÖVP, weil im gemeinsamen Landtag die Sozialdemokraten durch ihre starke Stellung in Wien eine scheinbar unüberwindbare Mehrheit hatten.

WOLF: Aber erst Mitte der 1980er Jahre hat der damalige ÖVP-Landeshauptmann Ludwig dann eine Kampagne für eine eigene Landeshauptstadt von Niederösterreich gestartet – unter dem Slogan „Ein Land ohne Hauptstadt ist wie ein Gulasch ohne Saft".

FILZMAIER: Das war aber eine diplomatisch schwierige Sache, denn wo sollte die neue Hauptstadt sein? Es gab dann 1986 eine Volksabstimmung in Niederösterreich, erstens zur Frage, wollen wir überhaupt eine eigene Hauptstadt, und zweitens, soll diese in Sankt Pölten, Krems, Baden, Tulln oder Wiener Neustadt sein?

WOLF: Offensichtlich hat Sankt Pölten gewonnen, aber wie eindeutig war das Ergebnis?

FILZMAIER: 56 Prozent waren für eine eigene Hauptstadt und 45 Prozent für Sankt Pölten, weit vor Krems mit 29 Prozent. Es war also damals ein erklecklicher Anteil der Niederösterreicherinnen und Niederösterreicher entweder für den Verbleib der Hauptstadt in Wien oder für eine andere Stadt. Und es hat noch zehn Jahre gedauert, bis das neue Regierungsviertel gebaut war und Landtag, Regierung und Landesbehörden wirklich nach Sankt Pölten übersiedelt sind. Heute ist Sankt Pölten als Hauptstadt unumstritten.

WOLF: Jedes Bundesland hat eine eigene Landesregierung. Der Regierungschef oder die Regierungschefin heißt Landeshauptmann oder Landeshauptfrau, und die Minister und Ministerinnen heißen auch nicht so, sondern Landesräte und Landesrätinnen. Und das Parlament ist der Landtag. Sind die überall gleich?

FILZMAIER: Nein, die sind nicht überall gleich. Die Zahl der Landtagsabgeordneten variiert von 36 bis 56. Einen Ausnahmefall stellt Wien mit 100 Landtagsabgeordneten dar. Die Anzahl kann sich auch ändern. Die Steiermark hat beispielsweise vor rund zehn Jahren die Zahl der Landtagsabgeordneten von 56 auf 48 gesenkt.

WOLF: Wien hat aber nicht mehr Wählerinnen und Wähler als Niederösterreich mit seinen 56 Landtagsabgeordneten. Warum hat Wien dann 100?

FILZMAIER: Wien ist eine Ausnahme, weil es sowohl Bundesland als auch gleichzeitig Gemeinde ist. Man ist also Landtag und Gemeinderat in einem. Der Landeshauptmann ist zugleich Wiener Bürgermeister und wird meistens so angesprochen. Früher war es wirklich so, dass man am Vormittag als Gemeinderat getagt hat. Dann ist man Mittagessen oder was trinken gegangen, und dieselben Leute haben sich am Nachmittag wieder als Landtag getroffen. Man durfte nur nicht durcheinanderkommen, wofür man gerade zuständig war. Also was man als Gemeinderat und was man als Landtag beschließen darf.

WOLF: Bei den Landesregierungen gibt es allerdings verschiedene Varianten: je nach Mehrheit im Landtag, also zum Beispiel in Vorarlberg zurzeit eine Koalition aus ÖVP und Grünen oder im Burgenland aktuell eine Alleinregierung der SPÖ. Es gibt aber auch sogenannte Proporzregierungen. Die hatten wir auch schon kurz in Kapitel 2 zum Thema Regierung. Wie funktioniert das?

FILZMAIER: Eine Proporzregierung haben aktuell nur noch Nieder- und Oberösterreich. Das hat es mit Ausnahme von Vorarlberg und einer Sonderform in Wien aber überall gegeben. Die Grundidee war, dass man viele Parteien mit einem bestimmten Stimmenanteil – meistens knapp zehn Prozent der Stimmen bei einer Wahl – quasi an einen Regierungstisch zwingen wollte. Denn im Februar 1934 haben die politischen Lager und die Parteien aufeinander geschossen. Es gab im Bürgerkrieg Tote auf beiden Seiten, damals Christ- und Sozialdemokraten. Deshalb war der Grundgedanke: Wer gemeinsam an einem Regierungstisch sitzen muss, der redet doch eher miteinander, als zu schießen.

WOLF: Das haben aber nur noch zwei Bundesländer, weil man doch bemerkt hat, dass politische Kontrolle durch eine Opposition auch sinnvoll ist.

FILZMAIER: Ja, wenn das Wahlergebnis so ist, dass jede Partei Anspruch auf einen Regierungssitz hat, dann müsste man sich ja selbst kontrollieren, und das bewährt sich meistens nicht so, in der Politik am allerwenigsten.

WOLF: Wien hat dann noch eine Besonderheit: Im Landtag, der gleichzeitig auch Gemeinderat ist, sitzen alle Parteien ab einer gewissen Größe in der Regierung. Es sieht also aus wie eine Proporzregierung – aber es haben nicht alle Parteien in der Regierung wirklich was zu tun.

FILZMAIER: Es gibt das Phänomen der „nicht amtsführenden Stadträte und Stadträtinnen". Das liegt daran, dass das Bundesland Wien eben auch Gemeinde ist. Es steht in der Bundesverfassung, dass in Gemeinden alle Parteien anteilig im Gemeindevorstand vertreten sein müssen. Dieser Gemeindevorstand ist in Wien die Stadtregierung. Da es aber freie Koalitionsbildung gibt, hat man den Typus der nicht amtsführenden Stadträte und Stadträtinnen erfunden. Die sind Teil der Regierung, haben aber kein Aufgabengebiet und keine Zuständigkeit. Sie sind zuständig für ihren Schreibtisch, für ihr Türschild und für ihre Visitenkarten.

WOLF: Ein klassischer Titel ohne Mittel?

FILZMAIER: Es ist ein Titel ohne Mittel – mit Ausnahme des gar nicht so geringen Gehalts. Es gibt von Oppositionsparteien, die keinen Anspruch auf einen nicht amtsführenden Stadtratsposten haben, immer wieder Kritik daran. Allerdings: Kaum ist man selbst in der Lage, einen solchen zu besetzen, sieht man die Sache etwas entspannter. Die

Chance der eigenen Partei auf so einen Posten will sich letztlich doch keiner entgehen lassen. Man muss allerdings dazusagen: Für eine Änderung wäre eine Novelle der Bundesverfassung notwendig. Wien kann also nicht einfach sagen, das machen wir jetzt nicht mehr.

WOLF: Noch etwas ist in den Ländern anders als auf Bundesebene. In der Bundesregierung müssen alle Beschlüsse einstimmig sein, in den Landesregierungen ist das nicht so. Aber was können diese Landesregierungen und die Landtage überhaupt beschließen?

FILZMAIER: Die Liste der Zuständigkeiten ist ziemlich lang und reicht vom Jugendschutz über das Skischul- und Bergführerwesen bis zur Sittlichkeitspolizei. Es gibt aber genauso einige zentralere Aufgaben wie beispielsweise die Raumordnung oder die Baugenehmigungen, auch der Naturschutz und die Krankenhäuser gehören in den Bereich der Länder.

WOLF: Du sollst mir jetzt die Sittlichkeitspolizei nicht kleinreden. Die ist sicher auch wichtig. Aber wie sinnvoll ist es, wenn es neun verschiedene Baugesetze gibt oder neun Jugendschutzgesetze mit unterschiedlichen Regelungen? Zum Beispiel müssen 15-Jährige in Oberösterreich um Mitternacht zu Hause sein, in Salzburg – westlich davon – und in Niederösterreich – östlich davon – erst um ein Uhr. Werden denn die Jugendlichen in Oberösterreich schneller müde?

FILZMAIER: Das ist genau gar nicht sinnvoll. Es ist ähnlich unsinnig, dass in dem einen Bundesland ein Filmchen, das man streamt, erst ab 16 Jahren erlaubt ist, weil es sonst die Sittlichkeit verletzen würde, und im Nachbarbundesland ist das alles kein Problem. Bei der Bauordnung und einer Baugenehmigung sieht es vielleicht ein bisschen anders aus, denn da sind ja die geografischen und topografischen Gegebenheiten in Wien ganz anders als in Seitentälern des Zillertals in Tirol. Warum soll das also nicht auf Landesebene unterschiedlich geregelt werden? Oder: Warum soll nicht jedes Bundesland für sich entscheiden, ob es Zweitwohnsitze ermöglichen will und, wenn ja, unter welchen Rahmenbedingungen?

WOLF: Aber manchmal kennen sich da wirklich nur mehr Fachleute aus. In der Bildungspolitik ist es noch relativ einfach: Die Kindergärten, die Volks- und die Mittelschulen sind Ländersache, die Gymnasien und die anderen höheren Schulen sind Bundessache. Aber in der Gesundheitspolitik zum Beispiel ist es total kompliziert, wer wofür zuständig ist. Gegen die Grafiken, auf denen das dargestellt wird, ist das schwierigste Labyrinth geradezu übersichtlich. Warum ist das derart kompliziert organisiert?

FILZMAIER: Es hat zwei Gründe. Es geht erstens bei der Kompetenzverteilung klarerweise auch um politische Macht. Das heißt, Bund und Länder haben immer wieder darüber verhandelt, wer welche Zuständigkeit hat. Da ist im Laufe der vielen Jahre und Jahrzehnte eine Fülle von Kompromissen entstanden, die in der Tat ein labyrinthähnliches Geflecht ergeben. Zudem gibt noch einen zweiten, historischen Grund: Das Misstrauen in den Anfängen der Zweiten Republik war sehr groß, weil eben die politischen Lager in den 1930er Jahren aufeinander geschossen haben. Da hat man Doppelgleisigkeiten ganz bewusst in Kauf genommen. Der eine soll den anderen kontrollieren. Wenn also im hintersten Vorarlberg eine Ernennung des Chefs oder der Chefin eines Bezirksgerichts oder die Auflösung dieses Bezirksgerichts ansteht, dann muss der Vorarlberger Landeshauptmann dafür sein, genauso aber das Justizministerium in Wien, damit nicht jemand allein auf dumme Ideen kommt.

WOLF: Etwas, was die Länder nicht dürfen – worüber aber gelegentlich diskutiert wird –, ist, eigene Steuern einzuheben. Die Länder geben aber ziemlich viel Geld aus. Wo kommt das dann her?

FILZMAIER: Das geschieht durch den sogenannten Finanzausgleich. Das ist ein komplizierter Verteilungsschlüssel, bei dem das vom Bund eingenommene Steuergeld auf die Länder und Gemeinden verteilt wird. Die Länder sind nicht unglücklich über diese Form der Arbeitsteilung, weil es meistens unpopulär ist, Steuergesetze zu beschließen und das Geld den Bürgerinnen und Bürgern abzuknöpfen. Die Länder haben dann die dankbare Aufgabe, das Geld zum Beispiel für Wohnbauförderung und andere sozialpolitische Maßnahmen zu verteilen. Damit wird man eher populär.

WOLF: Wenn wir schon bei Begriffen sind, dann müssen wir ganz kurz über drei Begriffe reden, die man immer wieder in den Nachrichten hört, aber nie erklärt bekommt, und das wollen wir jetzt ein für alle Mal und möglichst einfach erledigen. Der erste Begriff wäre Föderalismus. Was heißt das?

FILZMAIER: Föderalismus ist nichts anderes als der Fachbegriff dafür, dass ein Staat nicht zentralistisch organisiert ist, sondern nach dem Ordnungsprinzip von – wie besprochen – mehr oder weniger unabhängigen Teileinheiten.

WOLF: Wenn es so etwas wie Bundesländer oder Kantone gibt, ist es also föderalistisch?

FILZMAIER: Ja, so einfach ist das.

WOLF: Dann haben wir noch etwas, das einen wirklich furchtbaren Namen hat, nämlich die mittelbare Bundesverwaltung. Klingt sehr bürokratisch, ist aber in der Praxis wichtig. Warum?

FILZMAIER: Der Bund macht oft Gesetze und Verordnungen, gibt also Normen und Regeln vor. Aber die ausführenden Behörden sind in den Ländern oder Bezirken und Gemeinden. Ein Beispiel aus der jüngeren

Vergangenheit: Die Covid-19-Verordnungen – also den Beschluss von Coronamaßnahmen – machte der Gesundheitsminister, von einer österreichweiten Maskenpflicht bis zu Lockdowns. Das Gesundheitsministerium hat aber keinen ausreichend großen Behördenstab, um das alles auszuführen und durchzusetzen. Das geschieht auf Länderebene und darunter, in den Bezirken und Gemeinden.

WOLF: Und weil wir grad dabei sind, noch ein letzter besonders abschreckender Begriff: eine 15a-Vereinbarung. Klingt superbürokratisch, ist aber wichtig und dauert gar nicht lang, das zu erklären. Was ist das?

FILZMAIER: Wie konnte jemand bisher nur leben und glücklich werden, ohne zu wissen, was eine 15a-Vereinbarung ist? Da geht es nämlich um viel Geld. Es ist eine Art Vertrag zwischen Bund und einem oder mehreren Bundesländern, in dem eine Zusammenarbeit beschlossen wird. Etwa in der Form: Der Bund gibt den Ländern Geld für Kindergärten – die sind Ländersache –, knüpft daran aber bestimmte Auflagen. Also beispielsweise muss es für den Erhalt des Bundesgeldes auch eine Kinderbetreuung für Unter-Dreijährige geben, oder es muss im Betreuungsangebot auch eine Sprachförderung beinhaltet sein.

WOLF: Oder bestimmte Öffnungszeiten. Und 15a-Vereinbarung heißt es, weil diese Art von Verträgen in Artikel 15a der Bundesverfassung geregelt ist. Jetzt sind wir mit den schwierigen Begriffen durch, aber fassen wir es noch einmal kurz zusammen: Sind die Bundesländer in Österreich jetzt im Vergleich zu Deutschland oder zu den Kantonen in der Schweiz oder den Einzelstaaten in den USA mächtig oder nicht?

FILZMAIER: In anderen Ländern sind die Bundesländer mächtiger. In Deutschland etwa ist der gesamte Kultur- und Bildungsbereich nicht Bundessache, sondern Ländersache. In den USA und in der Schweiz hat man die Philosophie, dass alles, was nicht unbedingt auf Bundesebene entschieden werden muss, automatisch in den Einzelstaaten beziehungsweise den Kantonen entschieden werden soll. Die US-Amerikaner waren bei den Vorläufern ihrer Verfassung vor lauter Regionalstolz sogar der Meinung, nicht einmal so etwas wie die Verteidigungspolitik – also ein gemeinsames Heer – oder die Währungspolitik – also eine gemeinsame Währung – sei zwangsläufig Bundessache. Da hat man sich erst später besonnen.

WOLF: Aber brauchen wir die neun Bundesländer dann überhaupt?

FILZMAIER: Für diese Frage, Armin, kommst du in deinem Heimatbundesland – dem Heiligen Land Tirol – als Ketzer in die Hölle.

WOLF: Deshalb führen wir unser Gespräch ja auch in Wien. Aber wie du schon am Anfang gesagt hast: Österreich ist viel mehr Zentralstaat, als man oft glaubt. Die Landeshauptleute sind deshalb auch nicht so dramatisch mächtig, auch wenn sie oft „Landesfürsten" genannt werden. Aber es gibt die sogenannte Landeshauptleutekonferenz, wo sich alle neun regelmäßig treffen. Diese Landeshauptleutekonferenz ist wiederum extrem einflussreich, dabei kommt sie in der Verfassung nicht mal vor. Wie gibt es das?

FILZMAIER: Die Landeshauptleutekonferenz ist wirklich ein Paradoxon. Im Grunde ist sie ein informelles Treffen einer Interessengemeinschaft. Neun Landeshauptleute machen sich regelmäßig ein Rendezvous aus, besprechen ihre gemeinsamen Interessen und artikulieren diese meistens parteiübergreifend. Kurioserweise wird die Konferenz, obwohl sie nicht in der Verfassung steht, in einzelnen Gesetzen sogar erwähnt. Da hat jemand vor dem Schreiben des Gesetzes offenbar bei der politischen Bildung nicht aufgepasst.

WOLF: Und die Bundesregierung tut dann, was die Landeshauptleute verlangen?

FILZMAIER: Sie kann es realpolitisch zumindest nicht ignorieren. Die Macht der Landeshauptleutekonferenz rührt auch daher, dass – wie besprochen – ein zentrales Ministerium zwar für etwas zuständig sein kann, aber ohnmächtig ist, wenn die Umsetzung in den Bundesländern nicht passiert. Hier kann man bloß theoretisch eine Verfassungsklage gegen einen Landeshauptmann, eine Landeshauptfrau anstrengen. Das ist erst ein einziges Mal passiert, da ging es um Ladenöffnungszeiten in Salzburg. Im Regelfall kann die Bundesregierung aber nichts machen, wenn die Länder das, was sie will, nicht ausführen. Hinzu kommt die parteiinterne Macht der Landeshauptleute. Auch gegenüber der jeweiligen Bundespartei.

WOLF: Es sind aber nicht alle Landeshauptleute gleich mächtig. Es gilt als eine Art politisches Gesetz in Österreich, dass in der SPÖ gegen den Bürgermeister von Wien absolut nichts geht, und in der ÖVP nichts gegen die Landeshauptfrau von Niederösterreich. Warum?

FILZMAIER: Einerseits sind Niederösterreich und Wien die beiden Bundesländer mit den meisten Wählerinnen und Wählern. Andererseits ist in Wien die stärkste Teilorganisation der SPÖ beheimatet, und die niederösterreichische Volkspartei ist die stärkste Teilorganisation der ÖVP. Das führt dazu, dass eine SPÖ-Bundespartei in einem Nationalratswahlkampf reichlich alt aussehen würde, wenn sie nicht die massive Unterstützung der SPÖ aus Wien hätte. Die ÖVP-Bundespartei wäre ebenfalls nahezu chancenlos in einem Nationalratswahlkampf, wenn sie nicht von der Volkspartei Niederösterreich massiv unterstützt würde.

WOLF: Das heißt, die beiden sind nicht so sehr als Landeshauptleute mächtig, sondern als Chef und Chefin ihrer jeweiligen Parteiorganisationen in sehr großen Bundesländern. Aber wenn die Landeshauptleutekonferenz schon so wichtig ist, obwohl sie nicht in der Verfassung steht: Im Kapitel zum Parlament haben wir doch über den

Bundesrat gesprochen. Der ist ja letztlich so machtlos, dass regelmäßig diskutiert wird, ob man ihn überhaupt braucht. Könnte nicht die Landeshauptleutekonferenz diesen Job miterledigen, und man würde sich den Bundesrat tatsächlich sparen?

FILZMAIER: Es gibt den Vorwurf – Stichwort Job –, dass die Bundesratsmandate zusätzliche Jobs für Parteimenschen sind. Denn in den Bundesrat werden die Abgeordneten nicht gewählt, sondern nach einer Landtagswahl von den jeweiligen Bundesländern entsandt. Die Parteienstärke entspricht dem Wahlergebnis, und die entsandten Bundesrätinnen und Bundesräte sind natürlich Parteigefolgsleute. Allerdings hat der Bundesrat schon ein Zustimmungs- oder Widerspruchsrecht bei den meisten Gesetzen.

WOLF: Aber das könnten ja auch die Landeshauptleute machen, oder?

FILZMAIER: Das wäre eine Durchbrechung der Gewaltenteilung von Gesetzgebung und Verwaltung, denn der Bundesrat ist in den Gesetzgebungsprozess involviert. Er kann auch Gesetze selbst auf den Weg bringen. Dieses Recht, Gesetze zu initiieren, gleich den Landeshauptleuten zu übertragen – die ja die vollziehende Gewalt, also die Verwaltung sind –, wäre dann doch nicht im Sinn des Staatstheoretikers Charles des Montesquieu, der die Gewaltenteilung erfunden hat.

WOLF: Okay, dann sparen wir hier halt nicht. Es gab in Österreich seit dem Zweiten Weltkrieg über 70 Landeshauptmänner, aber erst drei Landeshauptfrauen. Die erste war 1996 Waltraud Klasnic in der Steiermark. Dann in Salzburg 2004 Gabi Burgstaller und in Niederösterreich 2017 die einzige derzeit noch amtierende Landeshauptfrau, Johanna Mikl-Leitner. Warum so wenige Frauen?

FILZMAIER: Das muss man – wie schon im Bundespräsidentschafts-Kapitel besprochen – vor allem den politischen Parteien vorwerfen.

Denn bisher gab es ja nur von drei Parteien Landeshauptleute – von ÖVP, SPÖ und in Kärnten von FPÖ/BZÖ – und nichts hätte diese drei Parteien daran gehindert, viel mehr Frauen als Spitzenkandidatinnen in einer Wahl zu nominieren, und dann bei der Kür der Landeshauptleute im Landtag diese Frauen auch zu Länderchefinnen zu machen. Offenbar wollten die genannten Parteien das nur drei Mal in 70 Jahren.

WOLF: Vielleicht sind die Bundesländer auch insgesamt konservativer, denn sie sind politisch erstaunlich stabil. Im Bund wechseln die Mehrheiten ja doch alle paar Jahre mal. Aber in fünf Bundesländern stellt seit 1945 durchgehend dieselbe Partei den Landeshauptmann: In Vorarlberg, Tirol, Ober- und Niederösterreich regieren seit fast 80 Jahren immer ÖVP-Landeshauptleute, und in Wien ausschließlich Bürgermeister der SPÖ. In Salzburg und in der Steiermark war zwischendurch mal kurz die SPÖ dran, aber sonst ständig die ÖVP. Das Burgenland war bis Mitte der 1960er Jahre immer schwarz, hat dann auf Rot gewechselt und wird seither von der SPÖ dominiert. Nur Kärnten hatte immer wieder Landeshauptleute aus verschiedenen Parteien. Warum sind die anderen Länder politisch so viel stabiler als der Bund?

FILZMAIER: Das liegt einerseits am Amtsinhaberbonus als Wettbewerbsvorteil in Wahlkämpfen. Andererseits ist aber auch die Wählerschaft zumindest in manchen Bundesländern weniger vielfältig. So gibt es in Wien zwar mehr Landwirtschaft, als man gemeinhin glaubt, aber ländliche Räume als Hochburg der ÖVP dann nun doch nicht. Damit hat die ÖVP kaum eine Chance, in Wien zum ernsthaften Herausforderer der SPÖ zu werden. In Tirol wiederum gibt es im Vergleich weniger Großindustrie und damit weniger klassische Arbeiterschaft als Wählerbasis der SPÖ, da ist die ÖVP der SPÖ und auch der FPÖ stark überlegen.

WOLF: In den Ländern gibt es auch noch die Bezirke. Insgesamt 94 österreichweit. Genauer gesagt sind es 79 sogenannte Landbezirke und 15 sogenannte Statutarstädte, das sind größere Städte, die gleichzeitig Stadt und Bezirk sind. Dazu gehören zum Beispiel alle Landeshauptstädte außer Bregenz. Wozu brauchen wir auch noch Bezirke und Bezirkshauptmannschaften?

FILZMAIER: Sie sind im politischen Mehrebenensystem eine Zwischenebene mit Verwaltungsaufgaben, weil eine Kleingemeinde manche Vollziehungsaufgaben von Gesetzen gar nicht allein schaffen könnte. Die Strukturen sind dort nicht ausreichend vorhanden. Deshalb wird das durch Bezirkshauptmannschaften geleistet. Wobei die Statutarstädte nicht zwangsläufig mit der Einwohnergröße zusammenhängen, das will man auch politisch werden oder nicht. Zum Beispiel habe ich gehört: Perchtoldsdorf sagt, wir sind lieber die größte Gemeinde in ganz Niederösterreich als unter den Städten von der Einwohnerzahl im Nirgendwo hinter Schwechat und Traiskirchen.

WOLF: In der Steiermark wurden vor ein paar Jahren aus Spargründen ein paar Bezirke zusammengelegt. Das war zwar eine große Diskussion, es ist aber letztlich passiert. Diese Debatte gibt es immer wieder auch bei den Bundesländern. Wozu brauchen wir insgesamt 448 Landtagsabgeordnete, gut 70 Landesrätinnen und Landesräte und neun Landeshauptleute, wenn die ohnehin nur wenige Kompetenzen haben, wie wir jetzt gelernt haben? Da gibt es immer wieder die Idee, man könnt die Landtage abschaffen oder Bundesländer zusammenlegen. Aber diese Diskussion ist auch immer wieder ganz schnell vorbei. Warum?

FILZMAIER: Das Standardargument für den Föderalismus ist, dass politische Entscheidungen möglichst nah bei den Bürgerinnen und Bürgern getroffen werden sollen. Das ist in den Gemeinden und Ländern so, und weniger auf Bundesebene der Fall. Es gibt aber auch einen Grund der politischen Kommunikation, warum Gemeinde- und Bezirkszusammenlegungen so selten versucht werden. Denn die

Identität, das Heimatgefühl, ist in den Ländern und Gemeinden sehr stark ausgeprägt. Man verliert – das musste man auch in der Steiermark erfahren – womöglich die jeweils nächste Wahl, wenn man versucht, Reformen der Bezirks- und Gemeindezusammenlegung anzustoßen. Und deshalb will dieses Harakiri mit Anlauf kaum eine Partei wagen. Schon gar nicht als Zusammenlegung von Bundesländern.

WOLF: Niemand will also aus Oberösterreich und Niederösterreich Mittelösterreich machen. Oder Niederösterreich und Wien wieder zusammenlegen?

FILZMAIER: Wenn man die jeweils nächste Wahl verlieren will – und zwar mit Pauken und Trompeten –, dann könnte man es tun. Sonst nicht.

WOLF: Peter, wenn du allein am österreichischen Föderalismus irgendetwas verändern könntest, was wäre das?

FILZMAIER: Also abgesehen davon, dass in einer Demokratie niemand diktatorisch etwas allein verändern soll, würde ich den Föderalismus stärken. Was ich nämlich nicht will, das ist eine zu große Fülle von Kompromissen, eine Art Wischiwaschi-Föderalismus. Also entweder oder. Entweder wir schaffen den Föderalismus ab oder wir stärken ihn. So toll ist die Bundespolitik aber wahrlich nicht, dass man ihr zugunsten der Vereinheitlichung alle Kompetenzen der Länder übertragen sollte. Also bin ich für eine Stärkung des Föderalismus.

6

Neutralität und EU

Was darf ein neutraler Staat und was nicht? Heißt „immerwährende Neutralität" wirklich für immer? Warum ist die Neutralität in Österreich so populär? Kommen tatsächlich 90 Prozent unserer Gesetze aus Brüssel und wie ist das mit der „Gurkenkrümmungs-Verordnung" jetzt genau?

ARMIN WOLF: Was ist das größte Missverständnis über die österreichische Neutralität?

PETER FILZMAIER: Der größtmögliche Irrtum ist zu glauben, dass die Neutralität im Staatsvertrag steht. Wer das bei mir an der Universität in einer Prüfung sagt oder schreibt, fliegt durch – ganz egal, was er oder sie sonst noch weiß. Die Neutralität steht indirekt und politisch mit dem Staatsvertrag in Zusammenhang, aber sie ist in einem eigenen Gesetz, das formal unabhängig beschlossen wurde, verankert.

WOLF: Eben im Neutralitätsgesetz. Das wurde am 26. Oktober 1955 im Nationalrat beschlossen. Deswegen feiern wir am 26. Oktober unseren Nationalfeiertag. Und in diesem Gesetz steht, dass Österreich seine Neutralität „aus freien Stücken" erklärt. Aber so freiwillig war das gar nicht.

FILZMAIER: Die Neutralität war der Preis oder auch das Mittel zum Zweck für die Wiedererlangung der Unabhängigkeit nach dem Zweiten Weltkrieg. Denn diese Neutralität wurde zwar erst im Oktober 1955 beschlossen, aber schon im April desselben Jahres gab es das Moskauer Memorandum: Das waren Gespräche von Österreich mit der UdSSR über deren Rahmenbedingungen für unsere Unabhängigkeit. Die sowjetische Bedingung war, dass sich Österreich nicht etwa einem westlichen Bündnis anschließt, sondern eben neutral wird. Das hat man damals versprochen und mit dem Neutralitätsgesetz auch eingelöst.

WOLF: Und dieses Versprechen gilt bis heute?

FILZMAIER: Nein. Nach österreichischer Auffassung ist das Moskauer Memorandum – da der Vertragspartner UdSSR 1991 als Staat zerfallen ist, also nicht mehr besteht – heute gegenstandslos.

WOLF: Die österreichische Regierung wollte ja von Anfang an keine rechtliche Verpflichtung gegenüber anderen Staaten eingehen. Deswegen ist die Neutralität auch nicht im Staatsvertrag verankert, sondern in einem eigenen Gesetz. Interessant ist aber auch, dass beim Beschluss am 26. Oktober 1955 eine Partei gegen die Neutralität gestimmt hat, die sie heute ganz besonders heftig verteidigt.

FILZMAIER: Das war der Verband der Unabhängigen, der VdU, die unmittelbare Vorläuferpartei der FPÖ. Man war aus zwei Gründen dagegen: Erstens wollte man die Formulierung „aus freien Stücken“ aus dem Gesetzestext streichen. Zweitens war man damals ausdrücklich der Meinung, die Neutralität würde nicht helfen, die Unverletzlichkeit und Souveränität Österreichs zu schützen. So kann man die Meinung im Lauf der Jahrzehnte ändern.

WOLF: Im Neutralitätsgesetz steht seither, Österreich ist „immerwährend“ neutral. Das bedeutet aber nicht, dass man die Neutralität nie wieder abschaffen kann.

FILZMAIER: Auch wenn es sprachlich unlogisch ist: „Immerwährend“ ist nicht für immer und ewig, sondern damit ist nur gemeint, dass man nicht in jedem Kriegsanlassfall Jahr für Jahr oder sogar Monat für Monat erklärt: Jetzt sind wir neutral, und beim nächsten Mal vielleicht doch nicht. Man erklärt es einmal, und solange wir die Neutralität nicht abschaffen, gilt das dann auch. Wie wir sie interpretieren, das ändert sich freilich laufend.

WOLF: Bleiben wir gleich bei diesem Punkt: Was bedeutet „neutral sein“ in der Praxis? Welche Verpflichtungen sind damit verbunden? Was darf Österreich? Was dürfen wir nicht?

FILZMAIER: Das ist gar nicht so eindeutig, denn das Neutralitätsgesetz ist mit zwei Artikeln sehr kurz. Unumstritten ist nur, dass drinsteht, wir würden keine Truppen irgendwohin entsenden, um uns in einem kriegerischen Konflikt auf der einen oder anderen Seite zu beteiligen, und wir würden auch keine Truppenstützpunkte der Kriegsparteien bei uns dulden. Aber es ist schon nicht mehr ganz so klar und oft Teil der innen- und außenpolitischen Auseinandersetzung, inwieweit österreichische Soldaten humanitär helfend irgendwo eingreifen sollen, wie das mit Truppentransporten oder Überfluggenehmigungen ist, oder wie es mit Wirtschaftssanktionen oder mit diplomatischen Beziehungen aussieht.

WOLF: Versuchen wir es mal konkret: Wenn ich dich richtig verstehe, dann durfte Österreich nach dem Einmarsch Russlands in die Ukraine keine Soldaten schicken, um der Ukraine zu helfen. Aber hätte Österreich zum Beispiel – wie andere EU-Staaten – Waffen an die Ukraine liefern dürfen?

FILZMAIER: Nach herrschender Auffassung nein, weil das eine direkte Unterstützung einer der beiden Kriegsparteien wäre.

WOLF: Andererseits hat sich Österreich an den wirtschaftlichen Sanktionen der EU gegen Russland beteiligt. Wie war das mit der Neutralität vereinbar?

FILZMAIER: Österreich war von Anfang an bemüht klarzustellen, dass es eine militärische Neutralität gibt, aber keine wirtschaftliche, keine diplomatische und schon gar keine Gesinnungs- oder ideologische Neutralität. Und im Lauf der Zeit ist die Neutralität auch immer enger gefasst worden. Österreich hat sich immer mehr auf den militärischen Bereich beschränkt, deshalb ist es sehr klar: keine Waffenlieferungen an die Ukraine, wie es in NATO-Mitgliedstaaten ja heftig diskutiert und letztlich gemacht wurde, aber selbstverständlich Beteiligung an Wirtschaftssanktionen. Man darf ja auch wirtschaftliche Beziehungen zu einer der Kriegsparteien aufrechterhalten. Man kann sie dann aber umgekehrt auch stoppen, einschränken oder sogar Sanktionen verhängen.

WOLF: Aber wenn die Neutralität eine militärische ist, warum dürfen sich dann österreichische Soldaten an UNO-Missionen im Ausland beteiligen?

FILZMAIER: Die sogenannten Blauhelm-Missionen der Vereinten Nationen gelten als humanitäre und friedenserhaltende Maßnahmen. Da sind die militärischen Tätigkeiten der Truppen gewissermaßen beschränkt auf Nothilfe und Selbstverteidigung. Genauso ist das militärische Gerät eingeschränkt. Es gibt nur leichte Waffen und kein ganz schweres Kriegsgerät, schon gar nicht für Angriffsmaßnahmen. Völkerrechtlich muss man da übrigens genau hinhören, denn friedenserhaltende Maßnahmen sind etwas anderes als friedensschaffende Aktionen, die offensiver und schwieriger mit der Neutralität zu vereinbaren wären.

WOLF: Nach den Terroranschlägen von 9/11 in New York gab es im Jahr 2001 einen internationalen Angriff auf Afghanistan, wo die al-Qaida-Terroristen damals ihr Hauptquartier hatten. Auch daran hat sich Österreich beteiligt. Warum war das möglich?

FILZMAIER: Zunächst hat die UNO durchaus öfter Maßnahmen gegen gewaltanwendende Staaten vorgesehen. Es gibt das Kapitel 7, genauer den Artikel 42 der UN-Charta, der eine solche Resolution zur Ermächtigung von Maßnahmen gegen „Gewalttäter" vorsieht. Diese Resolution ist damals schlagend geworden. Der Einsatz in Afghanistan hat sich aber letztlich nicht gegen einen Staat gerichtet, sondern gegen eine Terrororganisation, nämlich al-Qaida. Es wäre inhaltlich absurd, Neutralität so zu verstehen, dass ich gegenüber dem Terrorismus und gegenüber al-Qaida neutral bin. Man darf auch nicht neutral sein gegenüber dem IS, dem sogenannten Islamischen

Staat, der in Wahrheit nie etwas anderes war oder ist als eine Terrororganisation.

WOLF: Letztlich hat sich also die Auffassung durchgesetzt: Sobald es einen Beschluss des UNO-Sicherheitsrates gibt, tritt die Neutralität quasi außer Kraft.

FILZMAIER: Das ist richtig, nur in vielen Fällen ist dieser Beschluss nahezu ausgeschlossen. Beispielsweise würde ein Beschluss des UN-Sicherheitsrates, gegen Russland einzugreifen, auf jeden Fall scheitern. Denn Russland ist im Sicherheitsrat der sogenannte Rechtsnachfolger der UdSSR und hat ein Vetorecht. Von diesem Vetorecht würde Russland natürlich Gebrauch machen, wenn es um Maßnahmen gegen sich selbst geht.

WOLF: Nun heißt es immer wieder, dass wir unsere Neutralität verteidigen müssen und deshalb auch ein Bundesheer haben müssen, bis hin zu einer eigenen Luftraumüberwachung mit – doch sehr teuren – Kampfflugzeugen. Ist das wirklich so? Costa Rica in Mittelamerika ist seit über 70 Jahren neutral und hat keine eigene Armee. Ginge das bei uns auch?

FILZMAIER: Zunächst hat Costa Rica meines Wissens eine sehr gut ausgestattete Polizei bis hin zu Kampfhubschraubern, und die Küstengebiete in Costa Rica werden überwacht – nicht vom eigenen Militär, sondern von der amerikanischen Küstenwache, auf die man sich offenbar verlässt. Aber richtig: 1948 hat Costa Rica sein Militär zugunsten einer unbewaffneten Neutralität abgeschafft. In Österreich wäre das nicht ganz so einfach zu argumentieren. Denn im sehr kurzen Neutralitätsgesetz steht: Wir haben diese Neutralität „mit allen zu Gebote stehenden Mitteln“ aufrechtzuerhalten.

WOLF: Und da gehört das Bundesheer zwangsläufig dazu?

FILZMAIER: Da kann man zumindest schlussfolgern, dass wohl auch ein militärisches Mittel mitgemeint ist. Im vorher erwähnten Moskauer Memorandum steht zusätzlich, dass wir neutral nach dem Vorbild der Schweiz sind. Die Schweiz hat ein sehr großes Militärbudget, sie hat ein Milizsystem. Das würde sich schlagen mit dem Argument, wir würden gar kein Bundesheer mehr brauchen.

WOLF: „Nach dem Vorbild der Schweiz" ist ein gutes Stichwort, weil wir ja doch viele Dinge anders machen als die Schweiz. Die Schweiz ist zum Beispiel erst 2002 der UNO beigetreten. Österreich schon fast ein halbes Jahrhundert vorher: 1955, nur wenige Wochen nach dem Beschluss des Neutralitätsgesetzes und wenige Monate nach dem Staatsvertrag. Wie passt das zusammen, dass wir nach dem Vorbild der Schweiz neutral sind, und uns dann doch außenpolitisch ganz anders verhalten?

FILZMAIER: Das war und ist tatsächlich strittig. Denn wenn der UN-Sicherheitsrat mit Resolutionen auch militärische Maßnahmen beispielsweise gegen gewaltanwendende Staaten oder Diktaturen beschließen kann, dann erkennt auch der Laie relativ schnell, dass sich das mit der Neutralität schlagen könnte. Österreich hat das eher so gesehen: Man wollte aktive Neutralitätspolitik für den Frieden in der Welt betreiben, statt einer Abschottung eben auch im Rahmen der Vereinten Nationen. Umgekehrt hat man 1955, als wir der UNO beigetreten sind, gesagt: Es weiß sowieso jeder, dass wir neutral sind, also hat gefälligst in der UNO niemand von uns zu verlangen, dass wir uns an irgendwas beteiligen, das mit unserer Neutralität kollidiert. Die Schweiz sah das lange Zeit strenger.

WOLF: Also stimmt der oft gebrachte Vergleich unserer Neutralität mit dem Vorbild Schweiz so gar nicht?

FILZMAIER: Das Schweizer Vorbild ist eine der Wurzeln unserer Neutralität. Im Lauf der Zeit gab und gibt es aber im Detail viele

Unterschiede. Der Begriff „aktive Neutralitätspolitik" etwa wurde in der Schweiz möglichst vermieden, obwohl sie bei internationalen Konflikten auch öfters in einer Vermittlerrolle tätig war. Doch genauso kann man die Geschichte der Neutralität in den beiden Ländern kaum vergleichen. Die Schweiz ist schon seit vielen hundert Jahren neutral. 1648 hat sie sich völkerrechtlich vom Heiligen Römischen Reich gelöst. 1815 wurde mit dem Zweiten Pariser Frieden die Schweizer Neutralität allgemein anerkannt. Unserer Neutralität hat keiner irgendwo extra völkerrechtlich zugestimmt. Das heißt rein rechtlich, dass niemand die Neutralität mit oder für uns als Schutzmacht verteidigen muss oder sich aufregen dürfte, wenn wir sie wieder abschaffen.

WOLF: Der größte Unterschied zur Schweiz ist ja, dass Österreich EU-Mitglied geworden ist, die Schweiz aber nicht. Wir sind nach einer Volksabstimmung am 1. Jänner 1995 der damaligen Europäischen Gemeinschaft beigetreten, und das war auch die bisher wesentlichste Veränderung für die Neutralität. Warum?

FILZMAIER: Spätestens 1995 hat man sich vom traditionellen Neutralitätsverständnis aus dem Jahr 1955 abgewandt. Aus der damaligen umfassenden Neutralität ist eine sogenannte differenzielle und auch eingeschränkte Neutralität geworden, denn Österreich hat sich beim Vertrag über den Beitritt zur EU keine spezielle Absicherung der Neutralität ausbedungen. Man hat nur argumentiert: Obwohl wir jetzt bei der gemeinsamen Außen- und Sicherheitspolitik der EU und in der gemeinsamen Sicherheits- und Verteidigungspolitik dabei sind, berufen wir uns auf die sogenannte irische Lösung im EU-Vertrag. Die besagt, dass all das unter Berücksichtigung der Charakteristika der einzelnen Mitgliedstaaten geschieht – was bei uns die Neutralität ist. Die interpretieren wir aber selbst. So versucht Österreich gleichzeitig ein solidarisches EU-Mitglied zu sein, aber eben doch noch militärisch neutral zu bleiben.

WOLF: Schweden und Finnland haben 2022, nach dem russischen Überfall auf die Ukraine, ihre Neutralität aufgegeben – die im Fall von Schweden viel älter war als die österreichische. Und sie haben um die Mitgliedschaft bei der NATO angesucht, dem westlichen Militärbündnis, dem neben den USA und Kanada auch die meisten EU-Staaten angehören. Seither gibt es in der EU nur mehr vier neutrale Länder, nämlich Irland, Zypern, Malta und Österreich. Die ersten drei sind Inseln – und das ist vielleicht nicht nur zufällig so. Ist die Neutralität eine Art Auslaufmodell?

FILZMAIER: Im Grunde ist die Neutralität, so wie wir sie 1955 geplant haben, schon spätestens 1990 ausgelaufen. Denn damals verstand man sich als neutral als im Herzen Europas liegend zwischen zwei militärischen Blocksystemen. Das waren die kommunistischen Staaten im Osten – der sogenannte Ostblock, im Warschauer Pakt militärisch verbunden – und die NATO-Staaten im Westen. Aber seit über 30 Jahren gibt es den Warschauer Pakt nicht mehr. Die meisten Mitgliedsländer sind in Teilstaaten zerfallen, und viele davon sind längst bei der NATO. Die Neutralität wird trotzdem kaum abgeschafft werden, denn sie ist bei uns halt ach gar so populär. Zwei Drittel bis vier Fünftel der Bevölkerung sehen sie als sehr positiv. Und so etwas Identitätsstiftendes greift keine Partei mit einer Abschaffungsidee an.

WOLF: Warum ist die Neutralität eigentlich derart populär? Wir haben ja gelernt, dass sie in der Praxis kaum noch Vorteile bringt, seit es die alten Militärblöcke nicht mehr gibt, und trotzdem gilt sie als eine Art heilige Kuh in der österreichischen Politik.

FILZMAIER: Einerseits hat die Neutralität militärische Bewährungsproben überstanden. Beim Ungarn-Aufstand 1956, beim Prager Frühling 1968 – jeweils Freiheitsbewegungen, die von sowjetischen Panzern niedergewalzt wurden – wurden unsere Grenzen auch durch die Neutralität geschützt. Wobei man auch meinen kann, manchmal hatten wir ein bisschen Glück. Aber die Neutralität ist etwas zusätzlich Identitätsstiftendes, wie die Fahne oder die Hymne von Österreich, und deshalb glauben beispielsweise viele ältere Menschen, die Neutralität wäre auch verantwortlich für das Wirtschaftswunder in den 1960er und frühen 1970er Jahren. Obwohl: Wirtschaftspolitisch waren wir nie neutral zwischen freier Marktwirtschaft und einer kommunistischen zentralen Planwirtschaft.

WOLF: Trotzdem: Wir haben schon gesagt, immerwährende Neutralität heißt nicht, dass es die Neutralität für immer geben muss. Man könnte sie auch wieder abschaffen. Und interessanterweise würde dafür – rein rechtlich jedenfalls – eine Abstimmung im Parlament genügen. Es bräuchte keine Volksabstimmung.

FILZMAIER: Volksabstimmungen sind in Österreich vorgesehen bei der Änderung von sogenannten Grundprinzipien oder Baugesetzen der Bundesverfassung. Wer zum Beispiel den Föderalismus, also den Bundesstaat und die Bundesländer abschaffen will, der muss eine Volksabstimmung durchführen. Aber die Neutralität ist formal ein Bundesverfassungsgesetz wie viele andere auch, deshalb könnte man sie auch mit einer Zweidrittelmehrheit im Parlament abschaffen, sowohl im Nationalrat wie im Bundesrat. Politisch wahrscheinlich ist das freilich nicht.

WOLF: Dafür ist die Neutralität zu populär?

FILZMAIER: Da die Neutralität ja auch ein stark identitätsstiftendes Merkmal Österreichs ist, sowohl was die Rolle im internationalen System betrifft als auch vor allem in den Herzen der Bevölkerung, wäre man politisch gut beraten, eine Volksabstimmung zu machen.

WOLF: Kommen wir zur EU. Wir haben es schon gesagt: Österreich ist seit 1995 Mitglied. Dafür war tatsächlich eine Volksabstimmung nötig, weil der Beitritt eine sogenannte Gesamtänderung der Verfassung war. Diese Abstimmung ist mit einer Mehrheit von 66 Prozent für die Mitgliedschaft ausgegangen, und wir sind dann gemeinsam mit Schweden und Finnland beigetreten. Die norwegische Regierung wollte damals auch, aber dort hat die Bevölkerung mehrheitlich dagegen gestimmt. Was waren denn die wichtigsten Veränderungen für Österreich durch diesen Beitritt?

FILZMAIER: Die Europäische Union ist nicht eine internationale – also zwischen Staaten gebildete – Organisation, sondern eine supranationale Organisation. Das Wort „supranational", also überstaatlich, macht klar: Die EU steht irgendwie drüber. Das heißt, der Rechtsbestand der EU, die Verträge oder Rechtsbeschlüsse müssen in allen Mitgliedstaaten umgesetzt werden. Ein Beispiel: Die EU beruht ja im wirtschaftlichen Bereich auf den vier großen Freiheiten: Freiheit des Handels von Waren, sowie des Personenverkehrs, des Kapitalverkehrs und des Dienstleistungsverkehrs. Also kann Österreich jetzt nicht sagen, mit einem anderen EU-Land betreiben wir keinen Handel mehr, oder wir führen Zölle oder gar Schutzzölle ein. Österreich kann auch keiner EU-Bürgerin und keinem EU-Bürger verbieten, sich hier niederzulassen und zu arbeiten.

WOLF: Die Europäische Union ist eine supranationale Organisation, aber trotzdem nicht die „Vereinigten Staaten von Europa". Sie ist also ein anderes Konstrukt als die USA, die Vereinigten Staaten von Amerika. Inwiefern?

FILZMAIER: Die Mitgliedstaaten haben freiwillig Kompetenzen an die übergeordnete EU abgetreten und können daher beispielsweise nicht bestimmen, was die Kommission der EU als Verwaltungsorgan macht. Für Vereinigte Staaten von Europa müsste es aber wie in den USA eine viel weiter reichende zentrale Verfassung geben, und nicht „nur" von den Mitgliedstaaten ausgehandelte Verträge. Mit so einer Verfassung hätte die EU in allen Bereichen das Recht, unmittelbar Gesetze zu erlassen und durchzusetzen oder beispielsweise auch Steuern einzunehmen. Oder im Extremfall ohne nochmalige Zustimmung der Mitgliedstaaten einen Krieg zu beginnen. In den USA müssten dafür das nationale Parlament, der Kongress und der Präsident nicht alle Einzelstaaten extra fragen. In den jetzigen Verträgen der EU gibt es hingegen eine klare Differenzierung und Abstufung, sowohl darüber, was Zuständigkeit der EU und was Sache der Mitgliedstaaten ist, als auch wo und wie die Mitgliedstaaten einstimmig oder mehrheitlich für etwas sein müssen.

WOLF: Und die Organisation, der Österreich 1995 beigetreten ist, war noch mal eine andere. Sie hat damals noch nicht einmal EU geheißen, sondern EG: Europäische Gemeinschaft. Sie war viel kleiner, mit nur 15 Mitgliedern, heute sind es 27. Es gab noch keinen Euro. Es war viel mehr eine Wirtschaftsgemeinschaft als eine politische Union. Und jetzt gibt es immer wieder Menschen, die sagen: Über den Beitritt zu dieser EU, wie sie heute ist, haben wir damals gar nicht abgestimmt. Würde denn eine Volksabstimmung über die Mitgliedschaft heute wieder so eindeutig positiv ausgehen wie damals?

FILZMAIER: Zunächst jein zur Frage, ob wir damals auch schon über die politische Finalität abgestimmt haben, denn sie war damals nicht realisiert. Das ist richtig. Richtig ist aber auch, dass sie als Ziel in Dokumenten der damaligen Europäischen Gemeinschaft festgeschrieben war. Zum Zeitpunkt unseres Gesprächs würde eine Abstimmung wahrscheinlich wieder mit rund einer Zweidrittelmehrheit für eine Mitgliedschaft in der EU ausgehen. Aber diese Zahl ist durchaus starken Schwankungen unterworfen. Ein Problem ist auch, dass die Zahl der Desinteressierten, denen das Thema EU einfach zu blöd ist, nicht gerade klein ist.

WOLF: Dabei ist das Thema enorm wichtig, weil es so großen Einfluss auf unser Leben hat. Bleiben wir noch kurz bei der Mitgliedschaft selbst. 2016 ist Großbritannien nach einer Volksabstimmung ausgestiegen, der berühmte Brexit. Das war aber extrem kompliziert, weil kein klar geregeltes Austrittsverfahren aus der EU existiert. Wie wäre das, wenn Österreich aus der EU austreten wollte?

FILZMAIER: Bis 2009 gab es in den Verträgen der EU keine Ausstiegsklausel. Da hätte die Europäische Union gegenüber dem Vereinigten Königreich von Großbritannien und Nordirland rein theoretisch und also formalrechtlich sagen können: In unseren Verträgen ist ein Austritt nicht vorgesehen, also Pech gehabt, Punkt und aus. Realpolitisch wäre das aber bei keinem Mitgliedstaat, auch nicht bei Österreich, denkbar gewesen. Denn dieser Staat hätte dann ja seine EU-Beiträge nicht mehr bezahlt, und er würde die Regeln der Verträge einfach nicht mehr einhalten. Deshalb hat man die allgemeinen Schritte eines Austrittsverfahrens festgelegt und es kam mit Großbritannien zu langen, vier Jahre andauernden Verhandlungen und auch zu neuen Abkommen und Verträgen, in welchen Bereichen man anderswie dann doch weiter zusammenarbeiten wollte.

WOLF: Und dasselbe würde passieren, wenn Österreich aus der EU austreten wollte?

FILZMAIER: Im Prinzip ja. Dasselbe wäre bei einem „Öxit" der Fall. Nur wäre unsere Position in den Verhandlungen schwächer, denn wir sind ein Kleinstaat und nicht das große Großbritannien. Und es wäre komplizierter, denn wir sind auch Teil der Eurozone, aus der wir dann ebenfalls rausmüssten. Es gibt aber keine große politische Initiative für einen „Öxit".

WOLF: Jetzt eine Frage, die mir wichtig ist, weil man das so oft hört oder irgendwo liest: „Bis zu 90 Prozent unserer österreichischen Gesetze werden in Brüssel gemacht." Stimmt das so?

FILZMAIER: Nein, einfach nein. Das ist frei erfunden. Es ist eine moderne Sage und Legende, deren Wurzeln man kaum noch feststellen kann. Sehr oft wird das fälschlich von politischen Akteuren behauptet, die argumentieren wollen, die EU hätte zu viel Einfluss. Dieser Meinung kann man sein, das ist legitim, aber man sollte keine falsche Zahl nennen. Der ehemalige EU-Kommissionspräsident Jacques Delors hat 1988, vor langer Zeit, einmal gesagt: Nur auf den Wirtschaftsbereich bezogen, glaubt er, dass in zehn Jahren, also bis 1998, bis zu 80 Prozent – nicht 90 – der Gesetze auf EU-Entscheidungen zurückgehen würden. Aber Delors hat sich geirrt.

WOLF: Und was stimmt?

FILZMAIER: Es ist so, dass je nach Studie zwischen zehn und 40 Prozent der jeweils einzelstaatlichen Gesetze auf EU-Entscheidungen zurückgehen. Aber es gibt keine einzige Studie, die von 90 Prozent spricht. Je nach Staat und Themenbereich ist es natürlich unterschiedlich. Im Umweltbereich etwa gibt es sehr viele EU-Entscheidungen. In anderen Bereichen, beispielsweise in der Forschung, gab es lange Zeiten, in denen nahezu kein einziges Gesetz auf eine EU-Entscheidung zurückging.

WOLF: Zehn bis 40 Prozent sind doch sehr viel weniger als 90 Prozent – wenn auch immer noch sehr viel. Nun hören wir in den Nachrichten immer wieder von den verschiedenen EU-Gremien: Da gibt es die EU-Kommission mit ihrer Chefin, der derzeitigen Kommissionspräsidentin Ursula von der Leyen. Da gibt es alle paar Wochen oder Monate sogenannte EU-Gipfel, und da gibt es das EU-Parlament. Können wir einmal ganz kurz klären, wer wofür zuständig ist?

FILZMAIER: Es ist kompliziert und leider sprachlich verwirrend, weil zwei zentrale Organe sehr ähnlich heißen. Es gibt einerseits die Europäische Kommission, die so etwas wie die Verwaltung der EU ist, aber die auch ein Initiativrecht in der Gesetzgebung hat. Dann gibt es den Rat, nämlich den Europäischen Rat der Regierungschefs. Dieser gibt die politischen Leitlinien vor, ohne sich normalerweise in Details einzumischen.

WOLF: Das ist ein EU-Gipfel.

FILZMAIER: Ja, das ist der EU-Gipfel, wobei auch die Kommissionspräsidentin immer dabei ist. Dann gibt es – jetzt wird es eben sprachlich schwierig – den Rat der EU. Das sind die jeweiligen Fachministerinnen und Fachminister, die konkreten Gesetzesvorschlägen zustimmen oder nicht. Und dann gibt es noch das Europäische Parlament mit gewählten Volksvertreterinnen und Volksvertretern. Das Parlament muss auch Gesetzen zustimmen, und es hat noch eine ganz wichtige Aufgabe: Das Europäische Parlament beschließt das EU-Budget, also wofür wie viel Geld ausgegeben werden darf.

WOLF: Nur kurz noch mal, weil das doch verwirrend ist, aber eben sehr wichtig: Der Europäische Rat und der Rat der EU sind nicht dasselbe! Im Europäischen Rat sitzen die Staats- und Regierungschefs. Und im Rat der EU treffen sich die verschiedenen Fachministerinnen aus den Mitgliedstaaten, die über ihre jeweiligen Fachthemen beraten. Da gibt es also etwa den Rat der Justizministerinnen oder den Rat der Innenminister oder den Rat der Außenministerinnen und -minister und so weiter.

FILZMAIER: Oder den Rat der Umweltministerinnen und Umweltminister, wenn gerade eine Umweltgesetzgebung ansteht, was wie gesagt sehr häufig der Fall ist.

WOLF: Könnte man ganz grob sagen – damit wir dieses System ein bisschen besser verstehen –, dass die EU-Kommission so etwas wie die Regierung der EU ist, die auch Gesetzesvorschläge macht, wie auch die Regierung in Österreich? Und dann gibt es eine Legislative aus zwei Kammern: aus dem Rat der EU – die 27 Fachminister und -ministerinnen für die jeweiligen Themen – und dem Europäischen Parlament. Und die müssen beide den Gesetzesvorschlägen zustimmen, damit sie in Kraft treten können. Ist das so?

FILZMAIER: Ja, nein, jein, ein bisschen bist du mir jetzt zu grob mit der Vereinfachung. Es ist richtig: Die Kommission, wie ich sagte, ist die Verwaltung. Man kann das auch vergleichen mit der Bundesregierung in Österreich. Die Kommission macht aber auch gesetzgeberische Dinge wie eben Gesetzesvorschläge auszuarbeiten, so wie es bei uns Regierungsvorlagen gibt. Und später, wenn etwas als Gesetz beschlossen wird, überprüft die Kommission, ob es eingehalten wird. Es ist aber so, dass der Fachministerrat natürlich kein parlamentarisches Gremium oder eine Kammer des Parlaments ist.

WOLF: Macht das einen Unterschied?

FILZMAIER: Ja. Im Fachministerrat sitzen die ernannten Minister und Ministerinnen des jeweiligen Mitgliedstaates und keine gewählten Abgeordneten wie in einem Parlament. Daher wird oft kritisiert, es gäbe ein Demokratiedefizit, weil von diesen vielen Akteuren nur jene mehr oder weniger direkt gewählt sind, die im Parlament sitzen. Alle anderen wurden nicht gewählt, sondern irgendwie ernannt.

WOLF: Aber was schon stimmt: Einem Gesetzesvorschlag der Kommission müssen beide zustimmen: der Rat der EU und das Europäische Parlament.

FILZMAIER: Das ist ein System der wechselseitigen Kontrolle. Wenn die nicht beide zustimmen, dann gibt es diese eine Regelung einfach nicht.

WOLF: Und damit wir das noch erwähnen: Jedes EU-Land stellt ein Mitglied der EU-Kommission. Für Österreich war das von 1995 bis

2004 Franz Fischler, dann fünf Jahre lang Benita Ferrero-Waldner und seit 2009 Johannes Hahn, alle von der ÖVP. Und im EU-Parlament hat jedes Land je nach Einwohnerzahl unterschiedlich viele Abgeordnete. Für Österreich sind das derzeit 19. Die nächste Wahl ist 2024.

FILZMAIER: Wobei diese von dir genannten Zahlen politische Kompromisse sind. Kleinere Staaten haben ein bisschen mehr Parlamentsmitglieder, als es ihrer Bevölkerungszahl tatsächlich entsprechen würde. Dafür hat jedes Land unabhängig von seiner Größe je einen Kommissar oder eine Kommissarin. Man könnte den kleinen Staaten ja kaum sagen, ihr habt Pech gehabt, ihr seid so winzig, ihr kriegt so ein Amt nicht.

WOLF: Also gibt es keine Alternative zu gleich 27 Kommissionsmitgliedern?

FILZMAIER: Nur theoretisch. Die Mitgliedstaaten könnten sich natürlich abwechseln, welches Land Kommissionsmitglieder stellt. Doch würde es ein Turnussystem geben, dann müssten auch große Staaten zeitweise auf einen Kommissar oder eine Kommissarin verzichten. Das wollen diese nicht. Das aktuelle System hat aber womöglich inhaltliche Nachteile, denn wenn es 27 Kommissare und Kommissarinnen gibt, bedeutet das ja, dass auch die Zuständigkeiten in 27 Teilbereiche aufgeteilt werden müssen – egal, ob das jetzt vom Inhalt her logisch ist oder nicht.

WOLF: Es gibt in der EU deshalb fast doppelt so viele Regierungsmitglieder wie in Österreich, obwohl die Fachbereiche relativ ähnlich sind. Aber ich habe noch eine wichtige Frage: Kann bei den Rechtsvorschriften der EU ein Mitgliedstaat auch quasi überfahren werden? Also, kann eine Regelung, die ein Land absolut nicht will, trotzdem für alle 27 Mitglieder verbindlich sein?

FILZMAIER: Das kommt darauf an, worum es geht. Zum Beispiel gilt in der gemeinsamen Sicherheits- und Verteidigungspolitik das Einstimmigkeitsprinzip. Das heißt, Österreich kann sich bei Beschlüssen im Widerspruch zu seiner Neutralität nur sozusagen konstruktiv enthalten, wenn es nicht alles blockieren will. Damit ist gemeint, dass wir uns der Stimme enthalten, also bei einer sicherheitspolitischen Maßnahme nicht mitstimmen und in der Folge nicht mitmachen. Es gibt aber auch Bereiche mit qualifizierten Mehrheiten. Und wenn man dort bei der Abstimmung in der Minderheit bleibt, muss man sich trotzdem an die Beschlüsse halten.

WOLF: Es wird immer wieder darüber diskutiert, die Einstimmigkeit bei Entscheidungen aufzuweichen und in mehr Bereichen Mehrheits-Abstimmungen zu ermöglichen. Ist die Einstimmigkeit ein Problem?

FILZMAIER: Das Argument gegen die Einstimmigkeit ist natürlich, dass jeder noch so kleine EU-Mitgliedstaat, also auch Malta oder Zypern, theoretisch alles blockieren könnte. Sich immer nur darauf zu verlassen, dass Kleinststaaten es hoffentlich nicht tun, sondern sich „konstruktiv enthalten", wenn sie mit einem Beschluss ein Problem haben, das ist ein bisschen mager.

WOLF: Nun gibt es ja bestimmte Politikbereiche, wo de facto alles auf EU-Ebene entschieden wird, in der Landwirtschaft zum Beispiel. Und dann gibt es andere Bereiche, wo die EU praktisch gar keine Zuständigkeit hat. Warum ist das so?

FILZMAIER: Die EU-Verträge sehen dafür mehrere Kriterien vor: Erstens soll die EU nur über etwas bestimmen, was in den Verträgen als Fachgebiet der Politik zur Entscheidung in der EU ausdrücklich vorgesehen ist. Zweitens geht es um die Verhältnismäßigkeit: Es muss sinnvoll sein, etwas auf EU-Ebene zu regeln, anstatt – das wird oft falsch unterstellt – jedes Detail als europäische Norm vorzugeben. Und dann gibt es ein ganz wichtiges Wort: Subsidiarität. Klingt kompliziert, heißt aber vom Prinzip her: Es soll auf EU-Ebene nur das entschieden werden, was nicht sowieso auf einzelstaatlicher Ebene besser geregelt werden kann.

WOLF: Diese Frage der Subsidiarität – was also jedes Land für sich entscheiden soll und was die EU für alle Mitgliedstaaten –, die ist ja seit jeher sehr umstritten. Seit Jahrzehnten geistert zum Beispiel die berühmte „Gurkenkrümmungs-Verordnung" durch die Medien. Muss man wirklich in Brüssel regeln, wie krumm die Gurken sein dürfen?

FILZMAIER: Das ist eine typische Halbwahrheit. Es gab in den 1980er Jahren tatsächlich eine EU-Verordnung, die Qualitätskriterien für Gurken festgelegt hat, unter anderem auch den Krümmungsgrad. Die wurde aber auf EU-Ebene 2009 längst wieder abgeschafft. Und die eigentliche Pointe ist: In Österreich gab es eine solche Verordnung über Gurken seit den 1960er Jahren. Also war das wahrlich nichts, was die EU erfunden hat.

WOLF: Diese österreichische Verordnung gab es übrigens, weil die Kaufleute krumme Gurken beim Liefern und Einschlichten mühsam fanden und weil auch die Konsumenten lieber geradere Gurken hatten. Aber stimmt die grundsätzliche Kritik, dass die EU Dinge überregulieren würde?

FILZMAIER: Es ist objektiv falsch, denn das kleine Österreich hat viel mehr Beamte oder öffentlich Bedienstete als die ganze große EU.

WOLF: Trotzdem werden viele Dinge des Alltags EU-weit geregelt. Einheitliche Ladegeräte für Handys und Laptops zum Beispiel. Oder das Verbot von Glühbirnen, was jahrelang wirklich sehr umstritten war. Geht die EU da manchmal zu weit mit ihren Regelungen?

FILZMAIER: Das Argument ist, dass Konsumentenschutz ein länderübergreifendes Anliegen ist und daher – Stichwort Subsidiaritätsprinzip – etwas, was besser einheitlich auf EU-Ebene als in jedem Land anders geregelt wird. Den kleinen Ärger kennen vielleicht viele. Ich zumindest kenne ihn mit den Ladekabeln, dass immer der jeweilige Stecker nicht passt und man bei einem neuen Modell auch die neuen Kabel und Stecker kaufen muss. Oder denken wir an die früheren Roaminggebühren, die das Telefonieren im EU-Ausland sauteuer machten. Da hat die EU durchgesetzt, dass die Gebühren meiner Telefongesellschaft im gesamten Gebiet der Union nicht höher sein dürfen, als wenn ich innerhalb Österreichs telefoniere.

WOLF: Aber in anderen Bereichen, die alle – oder zumindest sehr viele – Menschen in Europa betreffen, gibt es trotzdem keine gemeinsame Politik, etwa beim Thema Asyl. Setzt man da falsche Schwerpunkte?

FILZMAIER: In den EU-Verträgen findet nur das Aufnahme und es wird nur das von der ganzen EU geregelt, von dem die Mitgliedstaaten wollen, dass es einheitlich geregelt wird. Das ist bei der Asylpolitik nicht so. Da will jeder seine eigene Asylpolitik machen. Und das ist beispielsweise auch bei der Sozialpolitik nicht so. Da argumentiert Österreich immer, wir haben ein so tolles Sozialsystem, da würde eine EU-weite Vereinheitlichung vielleicht eine Nivellierung nach unten bedeuten.

WOLF: In der Steuerpolitik ist es ähnlich, oder?

FILZMAIER: Bei der Steuerpolitik gibt es keinerlei Bereitschaft der Mitgliedstaaten, das abzugeben. Wie könnten einzelne Regierungen denn dann noch Steuerzuckerln verteilen?

WOLF: Peter, wenn du dir im Bereich EU oder Neutralität irgendetwas wünschen dürftest, das anders geregelt würde, was wäre das dann?

FILZMAIER: Ich würde mir als Wissenschaftler schlicht und einfach eine sachliche Debatte über Neutralität, über die Rolle Österreichs in der EU und über die Weiterentwicklung dieser beiden Dinge wünschen. Denn der bekannteste österreichische Politikwissenschaftler Anton Pelinka hat die Neutralität einmal treffend als den „prominentesten Untoten“ von Österreich bezeichnet. Alle kennen sie und alle lieben sie, aber wir tun irgendwie so, als wäre sie noch passend, wie sie 1955 passend war. Und bei der Rolle in der EU ist es mit einem öffentlichen Meinungsbild zwischen Desinteresse und Mythen ähnlich. Mehr Sachlichkeit wäre schön.

WOLF: Alle, die in Österreich Politikwissenschaft studiert haben – wie wir beide auch –, verehren Anton Pelinka, aber der bekannteste Politikwissenschaftler im Land heißt mittlerweile wohl Peter Filzmaier.

FILZMAIER: Danke, Armin!

WOLF: Wir wollen schließlich bei den Fakten bleiben.

7

Sozialpartner und direkte Demokratie

Was genau ist die Sozialpartnerschaft, und ist sie wirklich eine „Nebenregierung"? Warum gibt es in Österreich so selten Volksbefragungen und Volksabstimmungen? Was unterscheidet eine Lobby von einer NGO? Und wer ist diese Zivilgesellschaft, von der jetzt alle reden?

ARMIN WOLF: Wir wollen heute darüber reden, wie man von außerhalb des Parlaments die Politik beeinflussen kann, also über Lobbys, NGOs, Bürgerinitiativen, über die Sozialpartnerschaft und über direkte Demokratie. Und wir beginnen mit einer österreichischen Besonderheit, mit der Sozialpartnerschaft. Peter, was ist denn der größte Irrtum über die Sozialpartnerschaft in Österreich?

PETER FILZMAIER: Vielleicht nicht der allergrößte Irrtum, aber arg irreführend und bestenfalls eine Halbwahrheit ist die Behauptung, die Sozialpartner wären die Nebenregierung und würden in der Politik alles bestimmen und vorgeben. Sie sind aber nur dann wichtig und mächtig, wenn die eigentliche Regierung – die Bundesregierung – sie in ihre Entscheidungsprozesse stark miteinbezieht. Tut die das nicht, dann sind auch die Sozialpartner weniger stark.

WOLF: Darüber reden wir noch ausführlicher. Legen wir es einmal grundsätzlich an. Wer sind die Sozialpartner eigentlich?

FILZMAIER: Die Sozialpartner sind zunächst die drei großen Kammerorganisationen, also die Wirtschaftskammer der Unternehmer als sogenannte gewerbliche Wirtschaftstreibende, die Kammer für Arbeiter und Angestellte – kurz Arbeiterkammer – und die Landwirtschaftskammer der Land- und Forstwirte, also der Bauern. Dann gehört noch in eingeschränkter Form der österreichische Gewerkschaftsbund ÖGB dazu, sowie die Vereinigung österreichischer Industrieller, in der Kurzform Industriellenvereinigung genannt.

WOLF: Da geht es also um Berufsgruppen und deren Interessenvertretungen?

FILZMAIER: Genau. Sozialpartner sind die Vertretungsorganisationen der wichtigsten und größten Berufsgruppen in Österreich. Und das Modell des sogenannten Korporatismus sieht vor, dass sie sich an einen Verhandlungstisch setzen sollen und dort ihre Interessengegensätze austragen. Wenn zum Beispiel die Unternehmer und Unternehmerinnen weniger Löhne zahlen wollen, die Arbeitnehmerinnen und Arbeitnehmer aber natürlich mehr Gehalt bekommen wollen, soll dieser Konflikt möglichst nicht auf der Straße durch Demonstrationen oder durch Streiks ausgetragen werden. Sondern mittels Verhandlungen, die im Konsens mit Kompromissen enden. Streiks und Demonstrationen sind klarerweise ein wichtiges demokratisches Recht und gibt es trotzdem in Österreich, aber seltener als in anderen Ländern.

WOLF: Dazu muss man wissen, dass es natürlich auch noch andere Kammern gibt. Wir kennen sie alle aus den Nachrichten: die Rechtsanwaltskammer, die Ärztekammer, die Notariatskammer, die Kammer der Ziviltechnikerinnen oder der Apotheker: All diese freien Berufe haben eigene Kammern, die man aber nicht als klassische Sozialpartner sieht. Ähnlich übrigens wie die Hochschülerschaft, also die Kammer der Studierenden. Bei diesen Kammern ist die Mitgliedschaft verpflichtend. Es gibt aber auch Sozialpartner, bei denen die Mitgliedschaft nicht verpflichtend ist. Du hast sie schon erwähnt: der Gewerkschaftsbund und die Industriellenvereinigung. Warum ist dort die Mitgliedschaft freiwillig?

FILZMAIER: Weil das Vereine sind. Vereine haben nun einmal freiwillige Mitgliedschaften sowie auch Mitgliedsbeiträge, deren Höhe sie selbst bestimmen können. Das ist ein Vorteil, denn damit können sie das finanzielle Überleben auch selbst absichern. Für die Kammern hingegen gibt es gesetzlich vorgeschriebene Beitragszahlungen. Bei diesen Beitragszahlungen ist es so, dass die Politik zwar nicht einfach die Kammern abschaffen kann – da bräuchte sie eine Zweidrittelmehrheit im Parlament –, aber sie könnte neue Regeln festlegen, dass die Kammern nur noch ein Zehntel der bisherigen Beitragszahlungen bekommen, und das würde sie arg schwächen.

WOLF: Das wurde der Arbeiterkammer ja tatsächlich in der Vergangenheit gelegentlich angedroht. Führt das nicht zu einer großen Abhängigkeit von der Politik?

FILZMAIER: Nicht solange viele Kammervertreter in größeren Parteien viel zu sagen haben. Da ist die Gefahr von Beschlüssen zum Nachteil der Kammern im Parlament überschaubar. Doch haben die Kammern auch einen großen Vorteil: Die gesetzliche Festlegung der Höhe von Beiträgen ist ja nur möglich, weil die drei großen Kammern eben per Gesetz eingerichtet sind. Dadurch haben sie im Unterschied zur Gewerkschaft Exklusivstatus. Es darf also nicht drei, fünf oder zehn Wirtschafts-, Arbeiter- oder Landwirtschaftskammern geben, sondern jeweils nur eine.

WOLF: Aber wie ist die Aufgabenteilung zwischen Arbeiterkammer und Gewerkschaft? Warum verhandelt zum Beispiel die Gewerkschaft die Löhne und Gehälter und nicht die Arbeiterkammer, die ja alle Beschäftigten vertritt und nicht nur freiwillige Mitglieder?

FILZMAIER: Es gibt einen formalen Unterschied: Die Arbeiterkammer vertritt alle in der Privatwirtschaft Beschäftigten. Die Gewerkschaft hat auch öffentlich Bedienstete als Mitglieder. Also das, was man früher „Beamte" genannt hat. Nämlich Staatsbedienstete auf Bundesebene, in den Ländern und in den Gemeinden. Letztlich gibt es aber auch eine Arbeitsteilung. Die Gewerkschaft ist sozusagen der politische Akteur, der Forderungen für Arbeitnehmer und Arbeitnehmerinnen aufstellt und zu verwirklichen versucht. Sie verlangt zum Beispiel in Lohnverhandlungen höhere Löhne und versucht, diese gegenüber der Wirtschaftskammer durchzusetzen und auszuverhandeln.

WOLF: Was tut dann die Arbeiterkammer?

FILZMAIER: Die Arbeiterkammer hat mehr eine Service- und Beratungsfunktion für jedes einzelne Mitglied, insbesondere in Rechtsfragen. Sie informiert dich zum Beispiel über das Arbeitsrecht und darüber, wie du als Einzelner deine Rechte bei einer Verletzung des Arbeitsrechts durch den Arbeitgeber schützen kannst. Zur Zuständigkeit der Arbeiterkammer gehört jedoch zum Beispiel auch der Konsumentenschutz.

WOLF: Jetzt hast du gesagt, es sei ein großer Irrtum, dass die Sozialpartner eine Art Nebenregierung wären. Aber ziemlich lange war es de facto schon so. In den 1970er und 1980er Jahren galt die Sozialpartnerschaft als extrem mächtig. Das wurde oft als undemokratisch kritisiert, weil sich die Chefs von ÖGB und Wirtschaftskammer – das waren sehr, sehr lange die legendären Präsidenten Anton Benya und Rudolf Sallinger – mehr oder weniger die Wirtschaftspolitik im Land untereinander ausgemacht haben. Ihre Parteien – die SPÖ für den Gewerkschaftspräsidenten und die ÖVP für den Wirtschaftskammerpräsidenten – haben im Parlament de facto nur mehr abgenickt, was die beiden vorher vereinbart hatten. Wie problematisch war das?

FILZMAIER: Neben der Wirtschaftspolitik haben sie sich auch noch gleich die Arbeitsmarktpolitik und eine Menge anderer Politikbereiche ausgemacht. Das demokratiepolitische Dilemma ist folgendes: Wir haben ja schon besprochen, dass die Verfassung sehr genau festlegt, wer was machen soll und welches Organ wofür zuständig ist. Für die Gesetzgebung ist das Parlament – Nationalrat und Bundesrat – zuständig. Die Regierung ist insofern eingebunden, als sie dem Parlament Regierungsvorlagen für Gesetzesentwürfe übermitteln kann. Da kommen die Sozialpartner nicht vor. Deren gutes Recht ist es klarerweise, bei der Gesetzgebung Interessen zu haben und Vorschläge zu machen. Wenn sie aber darüber hinaus die Gesetze quasi schreiben oder diktieren, dann ist das zwar nicht ausdrücklich verboten, aber doch eine Umgehung des Sinns der Verfassung.

WOLF: Das haben die Präsidenten Benya und Sallinger allerdings nicht so streng gesehen.

FILZMAIER: Was die Personenebene betrifft, hat das zu einem weiteren Problem geführt: Anton Benya, der ÖGB-Präsident, war zugleich Nationalratspräsident. Als solcher muss er im Parlament möglichst neutral und unparteiisch den Vorsitz führen, auch als einfacher Volksvertreter ist er für alle Österreicherinnen und Österreicher zuständig. Als Gewerkschaftsboss vertritt er aber nur eine Teilgruppe der Bevölkerung. Das ist ein Widerspruch in sich und ein bisschen so, als wärst du fragestellender Journalist, aber die Antworten gibst du dir gleich selbst.

WOLF: Das wäre ja oft nicht ganz unpraktisch, muss man sagen.

FILZMAIER: Das war jetzt uncharmant, Armin.

WOLF: Anwesende natürlich ausgenommen! Jetzt muss man dazusagen: Benya und Sallinger waren beide von Mitte der 1960er bis Ende der 1980er Jahre im Amt, also rund ein Vierteljahrhundert, und galten als die einflussreichsten Politiker ihrer Zeit. Da stellte man sich schon die Frage, ob sie nicht auch mächtiger waren als die damaligen Bundeskanzler. Später ist der Einfluss der Sozialpartner gesunken. Warum? Und ist das gut oder schlecht?

FILZMAIER: Ob es gut oder schlecht ist, ist letztlich eine politische Wertungsfrage. Die Gründe für den sinkenden Einfluss sind zweierlei. Einerseits sind Parteien in die Regierung gekommen, die innerhalb der Sozialpartnerschaft in den Kammern sehr schwach waren – zunächst die FPÖ, später die Grünen. Es macht unabhängig von der inhaltlichen Meinung zur Sozialpartnerschaft auch aus strategischer Perspektive keinen Sinn, einen Bereich, in dem man als Partei sehr schwach ist, möglichst stark in die Regierungsarbeit einbeziehen zu wollen. Zusätzlich gab es innerhalb der beiden traditionellen Parteien SPÖ und ÖVP Parteichefs und führende Regierungsmitglieder, die selbst mehr Macht ausüben und daher zumindest eine Einschränkung des Einflusses der Sozialpartner wollten.

WOLF: Sehr lange war es mit den Sozialpartnern ja ähnlich wie mit der Landeshauptleutekonferenz, über die wir schon gesprochen haben. Auch die ist sehr wichtig und sehr einflussreich, aber sie kommt in der Verfassung gar nicht vor. Das hat sich bei den Sozialpartnern geändert. 2008, als wieder eine Koalition aus SPÖ und ÖVP regiert hat, wurde die Sozialpartnerschaft in die Verfassung geschrieben.

FILZMAIER: Ja, in Artikel 120 der Bundesverfassung steht, dass die Sozialpartnerschaft anerkannt wird und dass sie auch selbst Vertretungs- und Selbstverwaltungskörper haben kann. Das klingt alles ein bisschen juristisch und kompliziert, aber es hat wichtige Folgen. Zunächst führt das zu einem Vertretungsmonopol: Politiker und Politikerinnen, und insbesondere die Regierung, suchen sich nicht nach Lust und Laune einzelne Firmen oder Betriebsräte als Ansprechpartner aus, sondern reden und verhandeln im Regelfall nur mit der Wirtschaftskammer und mit der Arbeiterkammer.

WOLF: Und was ist ein Selbstverwaltungskörper?

FILZMAIER: Selbstverwaltungskörper bedeutet, dass man den Sozialpartnern sogar bestimmte Aufgaben übertragen hat. Die Wirtschaftskammer beispielsweise betreibt die Außenhandelsstellen, die Österreich in sehr vielen Ländern der Welt hat. Sowohl die Arbeiter- wie auch die Wirtschaftskammer stellen übrigens auch fachkundige Laien an den Arbeits- und Sozialgerichten, die dieselben Befugnisse wie Berufsrichter und -richterinnen haben.

WOLF: Wir haben es schon gesagt: In den Kammern ist man Pflichtmitglied. Das kann man sich nicht aussuchen. Über diese Pflichtmitgliedschaft gab und gibt es aber immer wieder Diskussionen. Die NEOS und die FPÖ würden sie gerne abschaffen, es wurde sogar einmal darüber abgestimmt.

FILZMAIER: Mitte der 1990er Jahre gab es vor allem von der FPÖ unter dem damaligen Parteiobmann Jörg Haider immer schärfere Kritik an der Sozialpartnerschaft. Es wurden auch viele Privilegien von Funktionären der Kammerorganisationen kritisiert. Daraufhin haben sowohl die Wirtschafts- wie auch die Arbeiterkammer eine Urabstimmung unter allen Mitgliedern durchgeführt. Das Ergebnis waren sehr klare Mehrheiten für die verpflichtende Mitgliedschaft.

WOLF: Was heißt „sehr klar"?

FILZMAIER: Über 80 Prozent in der Wirtschaftskammer waren dafür, über 90 Prozent gar in der Arbeiterkammer – allerdings mit sehr unterschiedlicher Wahlbeteiligung: Nur etwas mehr als ein Drittel aller Unternehmerinnen und Unternehmer haben mitgestimmt, aber rund zwei Drittel der Mitglieder in der Arbeiterkammer. Die Kritik, die an der Pflichtmitgliedschaft aber bestehen bleibt, ist: Kümmern sich die Kammern wirklich um jedes einzelne Mitglied, wenn man sowieso nicht austreten kann? Bei einem normalen Verein, wo ich freiwillig dabei bin, drohe ich zumindest mit Austritt oder gehe wirklich weg, wenn mir was nicht passt. Das kann ich bei den Kammern nicht.

WOLF: So eine Urabstimmung ist ja eine Form von direkter Demokratie und über die würde ich gern als Nächstes reden. Grundsätzlich ist Österreich eine sogenannte repräsentative Demokratie. Das heißt, alle paar Jahre wählen wir unsere Repräsentanten als Abgeordnete ins Parlament, die uns dort vertreten und die Gesetze beschließen. Es gibt aber auch die direkte Demokratie, bei der das Volk direkt mitreden kann. In unserer Verfassung gibt es drei Formen von direkter Demokratie, die auch oft verwechselt werden: das Volksbegehren, die Volksbefragung und die Volksabstimmung. Fangen wir mit dem Volksbegehren an. Was ist das?

FILZMAIER: Gesetze werden an sich im Parlament gemacht. Aber ein Volksbegehren ist eine Möglichkeit für Bürgerinnen und Bürger, einen

Gesetzesentwurf vorzuschlagen oder zumindest eine allgemeine Anregung für Gesetze zu machen. Damit man das schafft, braucht man zunächst über 8.000 Unterschriften, um ein Volksbegehren einzuleiten. Das liegt dann zur Unterzeichnung bei den zuständigen Wahlbehörden auf. Jeder von uns kann dann für dieses Volksbegehren unterschreiben.

WOLF: Was passiert dann?

FILZMAIER: Kommen mehr als 100.000 Unterschriften zustande, muss dieses Volksbegehren mit einem Gesetzesentwurf oder einem Vorschlag für ein Gesetz im Nationalrat behandelt werden. Wobei behandelt werden nur heißt: Die Abgeordneten diskutieren darüber. Sie können aber auch sagen: Danke für den Vorschlag, wir wollen das nicht, einen schönen Abend noch.

WOLF: War ein Volksbegehren schon einmal erfolgreich, hat also sein Anliegen dann politisch auch durchgesetzt?

FILZMAIER: Das beste Beispiel ist das erste Volksbegehren im Jahr 1964, nämlich für ein Rundfunkgesetz und einen unabhängigen ORF mit über 800.000 Unterschriften. Das hat tatsächlich eins zu eins in ein neues Rundfunkgesetz gemündet. Auch das zweite große Volksbegehren Ende der 1960er Jahre für die schrittweise Einführung der 40-Stunden-Woche ist sehr bald umgesetzt worden – was allerdings leicht war, weil die SPÖ dieses Volksbegehren stark unterstützt hat. Wenig später hatte die SPÖ die absolute Mehrheit im Nationalrat und damit eine Alleinregierung.

WOLF: Das ist allerdings beides schon sehr lange her. Gibt es auch Volksbegehren der letzten Jahre, aus denen ein Gesetz geworden ist?

FILZMAIER: So leicht ist das nicht immer mit der Eins-zu-eins-Umsetzung, weil viele Volksbegehren eben nur viele allgemeine Anregungen für Gesetze enthalten. Es gab zum Beispiel 1997 ein Frauenvolksbegehren, das sehr viele Vorschläge beinhaltet hat. Ich will beim Thema Gleichbehandlung stark hoffen, dass eine Menge dafür getan wurde und auch in Zukunft gemacht wird, aber eben nicht in einem einzigen Gesetz. Und nach dem Anti-Korruptions-Volksbegehren 2022 wurde wirklich ein entsprechendes Gesetz in Angriff genommen, manche der Forderungen dieses Volksbegehrens betreffen aber auch das Parteiengesetz und die Parteienfinanzierung. Fließen aber die Anregungen eines Volksbegehrens in viele verschiedene Gesetze ein, so ist es gar nicht mehr so einfach zu messen, was genau davon das Volksbegehren bewirkt hat.

WOLF: Das erfolgreichste Volksbegehren der Geschichte Österreichs blieb jedenfalls erfolglos. Das war 1982 gegen das Konferenzzentrum, das mittlerweile seit vielen Jahren in der Wiener UNO-City steht. Damals war die ÖVP gegen dieses Konferenzzentrum, und über 1,3 Millionen Menschen haben dagegen unterschrieben. Es wurde aber trotzdem eröffnet. Dann gibt es noch das Instrument der Volksbefragung. Die kommen auf lokaler Ebene öfter vor, bundesweit hatten wir bisher aber nur eine: 2013 zur Frage, ob wir ein Berufsheer einführen sollen oder bei Wehrpflicht und Zivildienst bleiben. Das ging damals mit knapp 60 Prozent für die Wehrpflicht aus. Aber was ist eine Volksbefragung genau?

FILZMAIER: Letztlich ist eine Volksbefragung die größtmögliche Umfrage unter allen Österreicherinnen und Österreichern. Denn wenn sich alle an der Befragung beteiligen würden, wäre es eine sogenannte Totalerhebung mit der Beteiligung sämtlicher Bürgerinnen und Bürgern. Bei solchen Befragungen wird immer eine politische Frage zur Diskussion gestellt. Eben wie im Jahr 2013: Sollen wir ein Berufsheer bekommen oder die allgemeine Wehrpflicht in der bisherigen Form beibehalten? Der Ablauf der Stimmabgabe durch die Bürgerinnen und Bürger ist dann wie bei einem Wahltag. Am Ende gibt es ein Ergebnis in Zahlen und Prozenten.

WOLF: Und dann?

FILZMAIER: Das Ergebnis ist nicht rechtlich bindend. Es muss also nichts passieren. Die Politik, egal welche Partei, wird sich allerdings schwertun, wenn sie der Bevölkerung ausrichtet: Eure Mehrheitsmeinung interessiert uns gar nicht. Aber die Politik muss nicht unmittelbar darauf reagieren. Der Grund, warum die Volksbefragung nicht rechtlich bindend sein kann, ist: Es liegt ja noch gar kein konkreter Gesetzesentwurf vor, sondern es wird eine generelle Frage gestellt. Anders ist es bei einer Volksabstimmung: Hier steht immer ein konkretes Gesetz zur Abstimmung.

WOLF: Die Volksabstimmung – manchmal sagt man auch Referendum dazu – ist das stärkste Instrument der direkten Demokratie. Sie ist tatsächlich bindend. Bisher hatten wir zwei Volksabstimmungen: 1978 über das Atomkraftwerk Zwentendorf, das schon fertig gebaut war, aber wegen des ganz knappen Neins bei der Abstimmung nie in Betrieb gegangen ist. Und 1994 über den Beitritt Österreichs zur EU. Diese Volksabstimmung ging sehr deutlich aus, mit einer Zweidrittelmehrheit für den EU-Beitritt. Wie genau funktioniert eine Volksabstimmung?

FILZMAIER: Den wichtigsten Unterschied zur Volksbefragung haben wir gerade erwähnt: Für die Volksabstimmung muss es ein fix und fertiges Gesetz geben, das im Nationalrat mehrheitlich beschlossen wurde. Das ist zugleich der Grund, warum es bisher erst zwei Mal – also sehr selten – eine Volksabstimmung gegeben hat: Für ein solches Gesetz müssen sich die Regierungsparteien mit ihrer Parlamentsmehrheit darüber verständigen. Wenn sie das tun, können sie das Gesetz aber auch gleich beschließen und in Kraft treten lassen, ganz ohne Volksabstimmung. Wenn sie sich nicht einigen, gibt es auch keinen fertigen Gesetzesentwurf und kein beschlossenes Gesetz, das man zur Abstimmung bringen kann.

WOLF: Bei Zwentendorf war das aber anders. Damals hat ja Bruno Kreisky mit einer absoluten SPÖ-Mehrheit regiert und er wollte das Atomkraftwerk in Betrieb nehmen. Weshalb gab es dann trotzdem eine Volksabstimmung?

FILZMAIER: Ja, bei Bruno Kreisky war es ein bisschen anders: Zur Zeit seiner SPÖ-Alleinregierung und mit der absoluten Mehrheit im Parlament hat man ein Atomkraftgesetz beschlossen. Doch wurde die öffentliche Diskussion darüber immer heftiger. Also hat sich Kreisky gedacht: „Lassen wir das abstimmen, dann ist die Mehrheit der Bevölkerung eh dafür und es kann nicht mehr dagegen demonstriert werden und Zwentendorf wird gebaut." Doch Kreisky hat sich geirrt, und dem war nicht so.

WOLF: Anders war es 1994 vor dem EU-Beitritt. Diese Volksabstimmung musste stattfinden.

FILZMAIER: Bei sogenannten Gesamtänderungen der Bundesverfassung, wenn also Grundprinzipien der Verfassung geändert werden, ist eine Volksabstimmung verpflichtend vorgeschrieben. Wenn man beispielsweise die Bundesländer und damit den Föderalismus abschaffen möchte, wäre eine Volksabstimmung verpflichtend. Beim EU-Beitritt hat man darüber gestritten, ob es aufgrund der Durchgriffswirkung des EU-Rechts auf die österreichische Rechtsordnung eine Abstimmung verfassungsrechtlich geben muss oder nicht. Diese rechtliche Frage ist letztlich überflüssig geworden, weil politisch sowieso alle Parteien für eine Volksabstimmung waren.

WOLF: Sollte die Regierung dann aus politischen Gründen nicht viel öfter Volksabstimmungen ansetzen, weil bei wichtigen Fragen das Ergebnis von den Bürgerinnen und Bürgern eher akzeptiert wird?

FILZMAIER: Na ja, das mit der Akzeptanz wäre bei sehr knappen Ergebnissen nicht so sicher. Die Regierungsparteien mit ihrer Parlamentsmehrheit müssten dafür aber auf Macht verzichten, wenn sie eine Sache auch selbst entscheiden könnten. Und zur von mir erfundenen Abstimmung über eine Abschaffung der Bundesländer: Das ist ein typisches Beispiel für die Tücken der Direktdemokratie.

WOLF: Warum das?

FILZMAIER: Angenommen, wir stimmen darüber ab und es gibt in den vier großen Bundesländern Wien, Niederösterreich, Oberösterreich und Steiermark eine klare Mehrheit dafür, die fünf kleineren Bundesländer ersatzlos aufzulösen. Dann ist es rechnerisch egal, ob die Leute dort zu 100 Prozent gegen die Abschaffung ihres eigenen Landes sind. Insgesamt würde sich mit den Stimmen aus den großen Bundesländern locker trotzdem eine Mehrheit für die Abschaffung des Burgenlands sowie von Kärnten, Salzburg, Tirol und Vorarlberg ausgehen.

WOLF: Finden deshalb Volksabstimmungen und Volksbefragungen bei uns so selten statt? In der Schweiz gibt es alle drei Monate einen sogenannten Abstimmungssonntag und da wird auch meistens gleich über mehrere Themen abgestimmt. Andererseits gibt es in Deutschland auf Bundesebene gar keine Volksabstimmungen, das erlaubt die deutsche Verfassung gar nicht.

FILZMAIER: Das hat auch historische Gründe. Wenn das Volk befragt werden soll oder wenn es abstimmen soll, stellt sich die Frage: Ist das eine gute Idee? Nach der Meinungsmanipulation durch die Nationalsozialisten – in Deutschland für zwölf Jahre von 1933 bis 1945, und in Österreich für sieben Jahre ab 1938 – hielt man es für problematisch, möglichst viel Direktdemokratie mit ebendiesem Volk zu ermöglichen.

WOLF: Hätte man das nicht in Verbindung mit mehr politischer Bildung trotzdem machen können?

FILZMAIER: Realpolitisch wären die Alliierten wahrscheinlich bei der Unabhängigkeit der beiden Staaten – festgeschrieben 1949 durch das deutsche Grundgesetz und 1955 durch den Staatsvertrag in Österreich – viel skeptischer gewesen, wenn wir argumentiert hätten: Wir lassen alles das Volk entscheiden, obwohl wir wissen, dass beispielsweise in den Schulen die Jugend von einer Lehrerschaft unterrichtet wurde, die zu 98 Prozent aus Mitgliedern der Nazipartei bestand. Auch Journalist durfte man damals in gleichgeschalteten Medien nicht sein, wenn man nicht gleichzeitig NSDAP-Mitglied wurde. Aber heute ist die damals verständliche Skepsis vor mehr Direktdemokratie nicht mehr unbedingt zeitgemäß.

WOLF: Also könnten wir auch mehr direkte Demokratie versuchen?

FILZMAIER: Wer ist „wir"? Bei der Diskussion über Volksabstimmungen beobachten wir das Phänomen, dass unsere Parteien – und zwar egal, welche – immer dann für mehr Direktdemokratie sind, wenn sie sich in der Opposition befinden. Wenn sie dann später in der Regierung sind und dort Entscheidungsmacht haben, wollen sie das Volk nicht mehr so stark einbinden.

WOLF: Ist das noch immer eine Art Misstrauen gegenüber dem zu leicht verführbaren Volk?

FILZMAIER: Ja, das auch, und zusätzlich eine Art Sorge vor einem möglichen regelmäßigen Meinungswechsel. Denn was passiert, wenn die Volksmeinung ein halbes Jahr später wieder komplett anders ist? Das ist bei der Volksabstimmung schon problematisch. Natürlich kann man rein formalrechtlich eine Entscheidung ständig hin und her ändern. Ob das politisch gut ist, darüber lässt sich streiten. Was wäre, wenn die Mehrheit für ein eigenes Schulfach Politische Bildung wäre, ein halbes Jahr später dagegen und nach einem Jahr wieder dafür? In diesem Fall wäre mir eine Entscheidung des Parlaments schon lieber, um so ein Fach definitiv einzuführen.

WOLF: Aber wären mehr Volksbefragungen und -abstimmungen nicht auch eine Möglichkeit, Menschen mehr für Politik zu interessieren? Ich kann mich gut an die EU-Abstimmung erinnern und an die Bundesheer-Befragung, die noch nicht so lang her ist. Beide Male hat das ganze Land wochenlang intensiv über das Thema diskutiert, viel mehr, als sonst über Politik diskutiert wird.

FILZMAIER: Ja und nein. Du hast recht beim Beispiel EU-Volksabstimmung. Da lag die Beteiligung bei 82 Prozent, also ähnlich hoch wie bei Nationalratswahlen. Du hast nicht ganz recht bei der Volksbefragung über Wehrpflicht oder Berufsheer. Da haben sich nämlich nur 52 Prozent, also knapp mehr als die Hälfte der Wahlberechtigten, beteiligt. Offenbar hat doch nicht das ganze Land wochenlang intensiv über dieses Thema diskutiert.

WOLF: Die Schweizer vertrauen trotzdem viel mehr auf Abstimmungen, ist das kein Argument?

FILZMAIER: Selbst in der Schweiz, das immer als Musterbeispiel der Direktdemokratie herangezogen wird, liegt die durchschnittliche Beteiligung an Volksentscheiden – das entspricht unseren Volksabstimmungen – nur knapp über 40 Prozent. Die Mehrheit geht regelmäßig nicht hin. Das führt zu Folgefragen wie: Soll es eine Mindestbeteiligung geben, damit ein Ergebnis überhaupt gültig ist? Und dann entsteht noch ein Problem: Wie verlässlich bin ich als internationaler Partner? Ich kann für oder gegen eine EU-Mitgliedschaft sein. Ich kann auch mal wieder austreten, wie die Briten bewiesen haben. Aber im Jahresrhythmus mal beitreten, mal wieder austreten, neuerlich beitreten und so weiter, das geht ganz sicher nicht. Dasselbe gilt für fast alle internationalen Vertragsangelegenheiten.

WOLF: In der Schweiz hat das noch eine interessante Folge: Auch die Wahlbeteiligung bei Parlamentswahlen ist dort besonders niedrig, weil offenbar viele Menschen das Gefühl haben, sie können ohnehin an den Abstimmungssonntagen mitentscheiden. Nun gibt es aber noch eine weitere Möglichkeit, Politik zu beeinflussen, und das führt uns wieder zum Anfang zurück, zu den Sozialpartnern: nämlich über sogenannte Lobbys, über NGOs oder über Bürgerinitiativen. Was ist eine Lobby?

FILZMAIER: Eine Lobby ist eine Interessenvereinigung, also eine Gruppe von Personen, von Organisationen oder von Firmen, die gemeinsame – politische, wirtschaftliche oder soziale – Ziele hat und versucht, diese gesellschaftlich durchzusetzen. Das will sie aber nicht wie eine Partei, indem sie Teil der Parlamente oder der Regierungen wird, sondern indem sie von außen den politischen Entscheidungsprozess beeinflusst.

WOLF: Und welche Lobbys gibt es?

FILZMAIER: Das Spektrum der Lobbys reicht von Wirtschaftsverbänden bis hin zu religiösen Verbänden. Und es gibt einen wichtigen Unterschied bei den Kategorien von Lobbys. Es gibt Lobbys im Eigeninteresse der Mitglieder. Das wäre beispielsweise eine Vereinigung des Autohandels oder der Sportveranstalter und -veranstalterinnen, die sich für ein politisches und wirtschaftliches Umfeld in ihrem Sinne einsetzen. Und es gibt Lobbys für Dinge im öffentlichen Interesse und das Allgemeinwohl, etwa für Menschenrechte. Wenn ich einer Interessengruppe für die weltweite Abschaffung der Todesstrafe beitrete, dann tue ich das vermutlich nicht aus dem rein persönlichen Interesse heraus, dass ich in vielen Ländern einen Mord begehen möchte und dafür möglichst nicht hingerichtet werden will.

WOLF: Warum heißen Lobbys eigentlich Lobbys?

FILZMAIER: Weil sie in den sprichwörtlichen Vorzimmern der politisch Mächtigen, der politischen Entscheidungsträger und -trägerinnen sitzen und versuchen, Politik zu beeinflussen. Wobei der Begriff Lobby auch politisch wertend ist. Im US-amerikanischen Englisch ist er eher negativ besetzt. Positiv, zumindest neutral wäre *interest group*. Und ganz schlimm wäre *pressure group*, also eine Gruppe, die andere unter Druck setzt.

WOLF: Ursprünglich ist die Lobby ja die Vorhalle im Kapitol, also im Parlamentsgebäude in Washington, wo sich schon im 19. Jahrhundert die Vertreter von Interessengruppen mit den Abgeordneten getroffen haben, um ihnen ihre Anliegen vorzutragen. Irgendwann wurde dieser Begriff dann für die Interessengruppen selbst verwendet.
Und was genau ist jetzt eine NGO, eine *non-governmental organization*, oder auf Deutsch eine Nichtregierungsorganisation?

FILZMAIER: Auch sie ist eine Gruppe von Personen, die staatspolitisch oder parteipolitisch nicht gebunden ist, und sich eben für Interessen im Allgemeinwohl einsetzt. Klassisches Beispiel sind die erwähnten Menschenrechte, aber auch Umweltschutz und Klima.

WOLF: Amnesty International oder Greenpeace sind also NGOs?

FILZMAIER: Ja. Menschenrechte und Umweltfragen betreffen alle, nicht nur Mitglieder einer bestimmten Berufs- oder Menschengruppe. Deshalb sind sie NGOs.

WOLF: Dann gibt es auch noch Bürgerinitiativen. Wie funktionieren die?

FILZMAIER: Bürgerinitiativen bestehen aus Personen, die sich meistens relativ spontan, zeitlich begrenzt und inhaltlich auf einen Bereich beschränkt zusammenschließen, um in ihrem persönlichen Lebensumfeld etwas mitzubestimmen. Ich erinnere mich: Du hast bei unserem Gespräch über den Bundespräsidenten sehr bedauert, dass du als Präsident und Oberbefehlshaber des Bundesheers nicht den Soldaten befehlen kannst, dass sie vor deinem Haus Schnee schaufeln. Das wäre Amtsmissbrauch. Was du aber tun könntest: dich mit deiner Nachbarschaft in einer Bürgerinitiative zusammenzuschließen und euch dafür einzusetzen, dass in eurem ganzen Viertel mehr Schnee geräumt wird, oder überhaupt die Straßenreinigung besser funktioniert.

WOLF: Obwohl es doch ein bisschen komisch wäre, wenn der Bundespräsident eine Bürgerinitiative gründen würde, damit vor seinem Haus öfter Schnee geschaufelt wird.

FILZMAIER: Ja, das war zugegeben ein hypothetisches Beispiel. Bisher hat das kein Bundespräsident gemacht, du wärst der Erste.

WOLF: Ich werde allerdings nicht Bundespräsident.

FILZMAIER: Wer weiß?

WOLF: Ich! Jetzt ist in den letzten Jahren noch ein Begriff populär geworden, den man früher nicht so oft gehört hat: die Zivilgesellschaft. Was versteht man denn darunter?

FILZMAIER: Das ist vieles von dem, was wir jetzt besprochen haben, nämlich die Summe des Engagements von Bürgerinnen und Bürgern in Politik und Gesellschaft. Ein Engagement, das eben nicht staatsgebunden, nicht parteigebunden und auch finanziell unabhängig ist.

WOLF: Das heißt, die Zivilgesellschaft ist keine Organisation, die man irgendwie abgrenzen kann und die einen Obmann oder eine Obfrau und Mitglieder hat?

FILZMAIER: Genau. Während man Parteien im Parteiregister des Innenministeriums findet, findet man die Zivilgesellschaft dort nicht. Dafür gibt es in der Zivilgesellschaft aber auch keine A.R.S.C.H.-Partei.

WOLF: Über die wir im Kapitel 4 bei den Parteien mal gesprochen haben. Und die dich offenbar sehr amüsiert.
Peter, wenn du irgendetwas daran ändern könntest, wie man in Österreich die institutionelle Politik in Parlament und Regierung von außen beeinflussen kann, was wäre das?

FILZMAIER: Ich würde ab einer bestimmten Zahl von Unterschriften bei einem Volksbegehren eine verpflichtende Volksabstimmung in der Verfassung vorschreiben. Allerdings erst ab einer deutlich höheren Unterschriftenzahl als die jetzigen 100.000, die für die Behandlung im Parlament nötig sind. Es sollen also nicht alle, denen nach Selbstdarstellung gelüstet, eine Volksabstimmung auslösen können. Die verpflichtende Volksabstimmung sollte es auch erst nach einem Beratungsmechanismus zwischen den Betreibern eines Volksbegehrens und dem Parlament geben. Erst, wenn bei dieser Beratung dort trotz sehr vieler Unterschriften kein Gesetz zustande kommt, soll eine Volksabstimmung verpflichtend sein.

WOLF: Das wird ja in letzter Zeit öfter gefordert. Soll man denn über jedes Thema abstimmen können, zu dem irgendwer ein Volksbegehren macht, wenn es eine bestimmte Anzahl Unterschriften kriegt?

FILZMAIER: Nein, bestimmte Bereiche müssten ausgeschlossen sein von Volksabstimmungen, zum Beispiel die Menschenrechte. Selbst wenn eine sehr große Zahl von Leuten für die Folter wäre, soll man trotzdem nicht darüber abstimmen. Und wenn jemand Mord und Totschlag unbedingt straffrei stellen will und dafür genug Unterschriften sammelt, dann darf darüber auch nicht abgestimmt werden.

WOLF: Das beruhigt mich jetzt doch.

8

Politik und Medien

Wer ist von wem abhängig – die Politik von den Medien oder umgekehrt? Sind Politik und Medien zu „verhabert"? Was macht die österreichische Medienlandschaft so speziell? Wie ist das mit der „Inseratenkorruption"? Warum beantworten Politiker Interviewfragen selten konkret?

ARMIN WOLF: Politik und Medien in Österreich: Was ist denn bei diesem Thema das größte Missverständnis, Peter?

PETER FILZMAIER: Der fast größtmögliche Unsinn ist die Behauptung, dass der österreichische Rundfunk, der ORF, bei dem du ja arbeitest, als öffentlich-rechtlicher Rundfunk dem Staat gehöre und ein Staatsfunk wäre. Warum das ein Unsinn ist, werden wir sicher noch besprechen.

WOLF: Das werden wir. Unser heutiges Thema ist ja dein eigentliches Fachgebiet, nämlich politische Kommunikation. Was versteht man darunter genau?

FILZMAIER: Politische Kommunikation besteht aus drei Teilen: erstens Information; zweitens Beteiligung an Politik; und drittens wird oft versucht, jemanden zu überzeugen oder Menschen zu etwas zu überreden.

WOLF: Warum gerade diese Dreiteilung?

FILZMAIER: Zunächst braucht es in der Politik eine Informationsvermittlung. Stell dir vor, Gesetze wie zum Beispiel ein Wahlrecht ab 16 Jahren oder eine neue Straßenverkehrsordnung werden beschlossen, und keiner von uns kriegt irgendetwas davon mit. Diese Funktion, uns zu informieren, leisten übrigens die Massenmedien. Weil wir aber nicht in einer Diktatur leben, kann das keine Informationsvermittlung nur von oben, von der Politik, nach unten an die Bevölkerung sein. Es geht auch um Beteiligung, um Partizipation. Auch Bürgerinnen und Bürger müssen ihre Meinungen artikulieren dürfen. Sie müssen Wünsche und Forderungen an die Politik stellen und in einer Art kritischen Feedbackschleife auf deren Entscheidungen reagieren können.

WOLF: Und was hat es mit der „Überredung“ auf sich?

FILZMAIER: Es geht in der politischen Kommunikation immer auch um Überredung. In Wahlkämpfen ist klar, in welcher Form: Politiker und Politikerinnen sowie Parteien versuchen uns zu überzeugen, dass wir gerade ihnen und keiner anderen Partei unsere Stimme geben sollen. Aber auch ein Gesundheitsministerium versucht zu überzeugen, dass man zu Vorsorgeuntersuchungen gehen, weniger rauchen und saufen oder sich gegen Grippe und Corona impfen lassen soll. Genauso ist es Überredung, wenn das Verkehrsministerium eine Kampagne gegen Rasen am Steuer startet. Oder das Bildungsministerium junge Menschen zur Teilnahme an Wahlen motivieren will.

WOLF: Wozu braucht die Politik die Medien?

FILZMAIER: Es gibt in der Politikwissenschaft den etwas kompliziert klingenden Begriff der Systemtheorie. Eine moderne Gesellschaft besteht aus Teilsystemen, die bestimmte Aufgaben haben. Sonst funktionieren die Gesellschaft und unser Zusammenleben nicht. So etwa trifft die Politik – das haben wir schon besprochen in den bisherigen Kapiteln – allgemein verbindliche Entscheidungen, die unser Leben regeln. Das sind die Schulunterrichtsgesetze genauso wie das Steuerrecht oder die Straßenverkehrsordnung. Das Teilsystem Medien ist wiederum der notwendige Kommunikationskanal, um diese Entscheidungen zu vermitteln und zu diskutieren, weil ja in Österreich bei rund neun Millionen Einwohnern nicht jede mit jedem persönlich reden kann. Ganz früher geschah diese Vermittlung durch einen Herold, der etwas auf dem Marktplatz verkündet hat. Heute passiert das durch Zeitungen, Radio, Fernsehen und das Internet.

WOLF: Auch durch die sozialen Medien, die das Kommunikationssystem natürlich massiv verändert haben. Darüber reden wir noch. Es gibt ja Kritiker, die sagen: Die Bedeutung der Medien gehe so weit, dass die Medien die Politik beherrschen würden, dass wir also in einer sogenannten Mediokratie leben würden und sich die Politik an die Regeln der Medien anpassen müsse. Ist es so?

FILZMAIER: Das ist teilweise so. Mediokratie würde bedeuten, dass etwa Regierungen als politische Entscheidungsträger immer nur den Medien und deren Wünschen und Anforderungen hinterherhecheln. Ein ganz einfaches Beispiel: Medien sind sehr tagesaktuell, oft sogar stundenaktuell, bauen also irrsinnigen Zeitdruck auf die Politik auf. Wenn bei einem komplexen und komplizierten Thema die Medienlandschaft meint, da muss morgen in der Früh eine Lösung her, dann kommen Politiker und Politikerinnen in Versuchung, irgendetwas präsentieren zu müssen, was freilich aufgrund der Eile meistens nicht die allerbeste Lösung ist.

WOLF: Lassen sich also Politiker und Politikerinnen zu sehr von den Medien beeinflussen?

FILZMAIER: Manchmal ja. Beim Verhältnis von Politik und Medien zitiere ich gern meinen Lieblingsfilm „Wag the Dog“, ein amerikanischer Spielfilm. Der deutsche Titel lautet: „Wenn der Schwanz mit dem Hund wedelt“. Genau darum geht es im Verhältnis von Politik und Medien: Wer ist der Schwanz und wer ist der Hund? Wer versucht mit wem zu wedeln? Wer kann wen mehr beeinflussen?

WOLF: Es gibt auch die genau gegenteilige Kritik. Nämlich, dass die Politik die Medien dominieren würde: Durch eine immer ausgefeiltere Inszenierung von Politik, durch immer mehr Mitarbeiter und Mitarbeiterinnen für Öffentlichkeitsarbeit, durch sogenannte Spindoktoren und *message control*. Was ist da dran?

FILZMAIER: Politische Akteure haben natürlich ein großes Interesse, ihre eigene Sichtweise und oft möglichst genau nur diese Sicht der Dinge darzustellen. Der Sache eben den richtigen Dreh in der politischen Kommunikation zu geben. Daher kommt der Begriff Spin-Kontrolle, oder in den USA als Ursprungsland *spin control*. Die Politik hat klarerweise genauso Interesse daran, dass man zumindest innerhalb einer Partei und in der Regierung nach Möglichkeit einheitlich kommuniziert, und Medien das eins zu eins wiedergeben. Das ist die Kontrolle der politischen Botschaften oder auf Englisch *message control*.

WOLF: Würdest du das als unzulässige Beeinflussung der Medien sehen?

FILZMAIER: Ja, wenn dafür Druck auf Medien ausgeübt wird, oder gar ihnen im Gegenzug Vorteile wie mehr Medienförderung oder Inserate versprochen werden. Aber mehr Kontrolle der Botschaften muss nicht immer schlecht sein. Wir haben während der Corona-Pandemie erlebt, dass der Gesundheitsminister und ein Landeshauptmann fast zeitgleich verkündet haben, es gibt einen Lockdown – beziehungsweise es gibt keinen Lockdown. Als Journalistinnen und Journalisten darauf aufmerksam gemacht haben, dass sich diese Aussagen komplett widersprechen, waren sich die beiden Politiker in ihrer darauffolgenden Kommunikation immer noch nicht einig, ob der Lockdown nur für Ungeimpfte gilt oder für alle in Österreich lebenden Menschen, ob er regional begrenzt ist oder im gesamten Bundesgebiet gilt. Da hätte die berüchtigte *message control* einen positiven Aspekt gehabt.

WOLF: Dieser Versuch der Politik, mit Medien professionell umzugehen – um es mal neutral zu sagen –, ist ja auch nicht neu. Schon vor 50 Jahren gab es den berühmten „Medienkanzler" Bruno Kreisky. Damals war das tatsächlich neu. Was war bei und nach Kreisky so anders zwischen Politik und Medien als vorher?

FILZMAIER: Dass er für Journalistinnen und Journalisten greifbar war. Bruno Kreisky war Bundeskanzler von 1970 bis 1983, und vor seiner Zeit war ein Interview mit dem jeweiligen Bundeskanzler ein

Riesenstaatsakt. Allein um das Gespräch zu organisieren, musste Wochen oder sogar Monate vorher um den Termin angesucht werden. Die Fragen mussten vorher an den Bundeskanzler oder an dessen Büro übermittelt werden. Zudem konnte nicht irgendein Wald-und-Wiesen-Journalist mit dem Kanzler reden. Das durften nur Chefredakteure. Chefredakteurinnen gab es da noch keine. Bruno Kreisky hingegen war telefonisch für Journalistinnen und Journalisten erreichbar, sehr früh am Morgen hat man ihn oft direkt und persönlich erwischt.

WOLF: Und er hat etwas völlig Neues eingeführt, das sogenannte Pressefoyer nach dem Ministerrat, also nach der wöchentlichen Regierungssitzung. Was war daran so besonders?

FILZMAIER: Da ist er einfach in die Runde der Journalistinnen und Journalisten getreten – nicht wie bei einer Pressekonferenz hinter einem Pult geschützt. Alle konnten ihn alles fragen. Er war aber zugleich bemüht, seine Wunschthemen und Wunschbotschaften geschickt zu platzieren. Was sich seit Kreisky allerdings geändert hat, hast du schon kurz angesprochen: Mittlerweile hat die Politik viel mehr Öffentlichkeitsarbeiterinnen, Pressesprecher, PR-Agenturen und so weiter. Im Verhältnis dazu gibt es immer weniger Politikjournalisten.

WOLF: Und noch etwas scheint sich in den letzten Jahren geändert zu haben: Die internationale Organisation „Reporter ohne Grenzen" erstellt jedes Jahr eine weltweite Rangliste der Pressefreiheit, und in der ist Österreich in den letzten Jahren immer weiter abgerutscht: 2022 sogar um gleich 14 Plätze auf Rang 31, hinter Länder wie Namibia oder Osttimor. Ist es um die Pressefreiheit in Österreich wirklich so schlecht bestellt?

FILZMAIER: Es ist schlechter geworden. Zum Zeitpunkt unseres Gesprächs führt die Korruptionsstaatsanwaltschaft sogar Ermittlungen durch, ob es in diesen letzten Jahren Formen der Medienkorruption gegeben haben könnte. Da wissen wir noch nicht, wie es ausgeht. Aber auch jenseits der strafrechtlichen Relevanz hat bei politischen Akteuren immer mehr die undemokratische Unsitte um sich gegriffen, dass man zu Presse- oder Hintergrundgesprächen nur bestimmte, einem Politiker oder einer Politikerin beziehungsweise einer Partei genehme Medien einlädt und anderen Journalisten und Journalistinnen keine Informationen gibt. Man spielt Informationen sozusagen gezielt jenen zu, von denen man sich eine willfährige Berichterstattung erhofft. In der jüngsten Vergangenheit haben wir außerdem ein Sittengemälde erlebt, wie die Politik so über Medien denkt.

WOLF: An diesem berühmten Abend auf Ibiza zum Beispiel.

FILZMAIER: Im „Ibiza-Video" war der spätere Vizekanzler Heinz-Christian Strache zu sehen, wie er an eine angebliche russische Oligarchin die größte Tageszeitung des Landes – die „Kronen-Zeitung" – verschachern wollte, um letztlich dort Parteischreiberlinge statt Journalistinnen und Journalisten anzustellen. Später wurden auch Chats bekannt, in denen sich Politiker und Journalisten Dinge zum jeweils persönlichen Vorteil ausmachen wollten, als Gegengeschäft gewünschter Berichterstattung und des karrieremäßigen Fortkommens. Dann gibt es noch die Unsitte, dass man versucht, auf Journalisten und Journalistinnen persönlichen Druck auszuüben. Aber all das weißt du ja aus eigener Erfahrung besser.

WOLF: Das stimmt. Als Vizekanzler hat Herr Strache mal ein Foto von mir gepostet mit dem Text: „Wo Lügen zu Nachrichten werden – im ORF". Ich habe ihn geklagt, er hat sich dann in einem halbseitigen Inserat in der „Kronen-Zeitung" entschuldigen und 10.000 Euro bezahlen müssen, die ich einer Forschungseinrichtung für Rechtsextremismus gespendet habe. Norbert Steger, der früher FPÖ-Obmann und einige Jahre auch Chef des ORF-Stiftungsrats war, hat mir öffentlich „unbotmäßige" Interviews vorgeworfen, und FPÖ-Generalsekretär Vilimsky hat mir in einem recht kritischen Studiogespräch angekündigt, das werde „Folgen haben“. Aber bisher sitze ich noch da. Obwohl sich Strache auf Ibiza auch eine „Medienlandschaft wie bei Orban“ in Ungarn gewünscht hat, wo es kaum noch unabhängigen Journalismus gibt.

FILZMAIER: Wobei die Druckausübung gleichermaßen banal wie auch brutal sein kann. Der ORF finanziert sich ja aus Gebührenzahlungen seiner Zuseherinnen und Zuseher. Da haben nicht nur Strache und Vilimsky allein, sondern die Koalitionsregierung von ÖVP und FPÖ regelmäßig gedroht, diese Gebühren abzuschaffen. Man kann natürlich eine kritische Meinung zum ORF haben, aber demokratische Politiker dürfen ihm nicht bewusst schaden wollen, nur weil ihnen die Berichterstattung oder ein Interview nicht passt. Dieses Muster wäre typisch für Diktaturen.

WOLF: Ein Begriff, der zuletzt auch immer wieder gefallen ist, ist die „Inseratenkorruption“. Was hat es denn damit auf sich?

FILZMAIER: Inseratenkorruption war von der Universität Graz, an der ich arbeite, sogar zum Wort des Jahres 2021 nominiert. Es ist also eine relativ junge Wortschöpfung, beschreibt aber womöglich ein sehr altes Phänomen. Denn selbstverständlich sind Politiker und Politikerinnen auch entscheidungsbefugt, Inserate in Medien zu schalten: nämlich wenn Ministerien, die Bundesländer und die Gemeinden irgendwo inserieren. Manche dieser Inseratenkampagnen kommen nicht aus sachlichen Gründen oder Notwendigkeiten zustande, sondern womöglich mit rechtswidrigen und korrupten Hintergedanken.

WOLF: Inserate seitens einer Regierung können doch nicht grundsätzlich ein Zeichen für Korruption sein, oder?

FILZMAIER: Nein. Das natürlich nicht. Inserate sind nicht immer etwas Furchtbares und Schreckliches. Wenn das Gesundheitsministerium für gesunde Ernährung von Kindern wirbt, wird das niemand für verwerflich halten. Problematisch wird es, wenn im Inserat kein inhaltlicher Mehrwert als wichtige Information für die Bevölkerung erkennbar ist. Wenn also nur der Vorteil der indirekten Werbung für eine Regierung oder gar einzelne Politiker oder Politikerinnen da ist – und der Vorteil des Geldes für ein Medium, nämlich durch den Inseratenpreis. Ganz übel wird es, wenn unklar ist, warum manche Medien ohne stichhaltige Begründung besonders viele Inserate und damit Geld bekommen, andere aber verhältnismäßig wenig, oder wenn die Preise für das jeweilige Inserat überhöht erscheinen.

WOLF: Oder wenn gar der Verdacht entsteht, dass eher jene Medien Inserate bekommen könnten, die besonders freundlich über die Regierung berichten, oder umgekehrt: dass Regierungsinserate wegen kritischer Berichte gestrichen werden.
Ich glaube, wir müssen an dieser Stelle mal grundsätzlich über die Medienlandschaft in Österreich sprechen, die ja im europäischen Vergleich ziemlich ungewöhnlich ist. Das ist vielleicht nicht allen Lesern und Leserinnen bewusst. Es gibt zum Beispiel nur ganz wenige Länder, in denen der öffentlich-rechtliche Rundfunk – bei uns also der ORF – so dominant in Radio, Fernsehen und online ist, weil es in den meisten Ländern starke Privatsender gibt.

FILZMAIER: Mit Ausnahme von Albanien hatten wir von allen demokratischen Ländern in Europa am längsten ein Monopol des öffentlich-rechtlichen Rundfunks, des ORF, und zwar bis Mitte der 1990er Jahre für Radiosender und sogar bis 2001 beim Fernsehen. Solange es noch kein Kabel- und Satellitenfernsehen gab und Internetfernsehen sowieso nicht, konnte man wirklich nur ORF 1 und ORF 2 schauen, wenn man nicht zufällig in der Grenzregion zu Bayern wohnte und auch deutsches Fernsehen empfangbar war. Aber da würde ich den Spieß gern umdrehen und dich fragen: Wie ist das zu erklären, dass es in einer Demokratie und einem freien Land ein Gesetz gibt, das besagt: Es darf nur einen Fernsehsender geben, und wenn du als Privatunternehmen Radio und ein Fernsehen machen willst, darfst du das nicht?

WOLF: Dazu muss man verstehen, dass Radio und Fernsehen früher technisch sehr aufwendig und kompliziert waren. Es gab nur sehr wenige Frequenzen, auf denen man überhaupt senden konnte. Und im Gegensatz zu den USA hat man sich in Europa entschieden, diese wenigen Frequenzen nicht an private Unternehmen zu vergeben, die damit reich werden konnten, sondern der Öffentlichkeit.

FILZMAIER: Staatliche Sender wollte man aber auch nicht.

WOLF: Genau. Nach den Erfahrungen der NS-Zeit mit Staatspropaganda und Diktatur hat man auch entschieden: Die Frequenzen soll nicht der Staat behalten, wir gründen also keine Staatssender. Damit hatte man keine guten Erfahrungen gemacht. Sondern es entstanden öffentlich-rechtliche Sender, nach dem Vorbild der britischen BBC: Die BBC, der ORF oder die ARD und das ZDF in Deutschland gehören also nicht dem Staat, sie gehören der Öffentlichkeit, den Menschen, die Rundfunkgebühren bezahlen, das ist die Idee. Rein formal gehört sich der ORF selbst, als Stiftung öffentlichen Rechts, und er ist eben kein Staatsfunk, und das ist ganz wichtig.

FILZMAIER: Womit wir den Begriff öffentlich-rechtlicher Rundfunk auch geklärt hätten.

WOLF: Eine zweite Besonderheit ist: Es gibt in Österreich relativ wenige Tageszeitungen. Da gab es nie ein Monopol. Früher existierten sogar viel mehr Tageszeitungen, jetzt sind es nur noch 14. Eine davon ist die „Wiener Zeitung“, die tatsächlich eine staatliche Zeitung ist. Sie soll aber demnächst eingestellt werden. Vor allem aber gibt es in diesem Tageszeitungsmarkt eine ganz ungewöhnliche Konzentration.

FILZMAIER: Das mit den vielen Tageszeitungen ist aber schon sehr lange her, schon zu meiner Studienzeit vor drei Jahrzehnten hatten wir – genauso wie meines Wissens heute – fast die geringste Zahl von Tageszeitungen unter allen demokratischen Ländern weltweit, wenn man das im Verhältnis zur Bevölkerungszahl rechnet und Kleinststaaten ausnimmt. Im Vatikan gibt es nur eine einzige Zeitung, aber da wohnen auch sehr wenige Leute. Was neben dieser Pressekonzentration in Österreich noch dazukommt, sind wirtschaftliche und unternehmerische Verflechtungen.

WOLF: Was meinst du damit?

FILZMAIER: Die größte Zeitung des Landes, die „Kronen-Zeitung“, und der „Kurier“, eine weitere sehr große Zeitung, sind einem Konzern – der Mediaprint – zuzurechnen. Medienkonzentration haben wir auch auf Bundeslandebene. Fast überall gibt es eine führende Bundesländerzeitung. Die „Vorarlberger Nachrichten“ in Vorarlberg, die dann auch noch in einem Konzern mit dem zweiten, in Vorarlberg täglich erscheinenden Blatt zusammengefunden hat. Im selben Konzern wird auch Radio gemacht, es gibt ein Internetportal und vieles mehr. In Tirol gibt es die „Tiroler Tageszeitung“, in Salzburg die „Salzburger Nachrichten“ und in Oberösterreich die „Oberösterreichischen Nachrichten“, und es gibt die „Kleine Zeitung“ in der Steiermark und in Kärnten als jeweils dominante Blätter. Diese alle haben ebenfalls reichweitenstarke Portale im Internet, auf denen auch Onlinefernsehen gemacht wird. Nur Niederösterreich und Burgenland haben keine eigene Tageszeitung.

WOLF: Was bei so einem großen Bundesland wie Niederösterreich ziemlich interessant ist. Und der letzte Punkt: In kaum einem anderen Land der Welt sind Boulevardzeitungen so stark wie in Österreich. Die „Kronen-Zeitung“, „Heute“ und „Oe24“ erreichen gemeinsam etwa die Hälfte des gesamten Zeitungspublikums. Der Politologe Fritz Plasser, den wir beide aus dem Studium kennen und du natürlich auch als Kollegen, hat Österreich deswegen mal eine „Boulevarddemokratie" genannt. Was meint er damit?

FILZMAIER: Fritz Plasser meint mit „Boulevarddemokratie" eine Art informelle und inoffizielle Koalition zwischen politischen Entscheidungsträgern, also Regierungen, und führenden Boulevardzeitungen. Dass sie gemeinsam paktieren, worüber berichtet wird und wozu Politik gemacht wird. Da geht es nicht unbedingt um wichtige Themen, eher um solche, die populär sind. Themen, mit denen die Zeitung Reichweite macht, also Abonnentinnen und Abonnenten und Leserinnen und Leser gewinnen kann, und mit denen in der Politik natürlich die Chance, dass man gewählt wird, erhöht werden kann.

WOLF: Gibt es dafür Beispiele?

FILZMAIER: Ein klassisches Beispiel war vor vielen Jahren das Tierschutzgesetz, ein sehr populäres Thema. Die „Kronen-Zeitung" hat seit Jahrzehnten eine ebenso populäre Tierecke im Blatt und war der Meinung, es muss ein neues Tierschutzgesetz geben. Die Bundesregierung, damals unter Wolfgang Schüssel als Bundeskanzler, hat das auch versprochen. Prompt war der Herr Bundeskanzler mit der Tierecken-Redakteurin auf der Titelseite der „Kronen-Zeitung" zu sehen. So etwas kann aber auch nach hinten losgehen. Als dieses Gesetz nicht und nicht gekommen ist, gab es dann die kritische Schlagzeile „Wann haben wir endlich ein Tierschutzgesetz?".

WOLF: Ist die Macht von Boulevardzeitungen wirklich so groß, dass sie sich quasi Gesetze wünschen können?

FILZMAIER: Nicht unbedingt. Fritz Plasser selbst führt aus, dass die Macht des Boulevards oft überschätzt wird. Der legendäre Gründer und langjährige Herausgeber der „Kronen-Zeitung" Hans Dichand

– er ist mittlerweile verstorben – war zum Beispiel strikt gegen eine ÖVP-FPÖ-Koalition im Jahr 2000. Die „Kronen-Zeitung" war später auch für ein Berufsheer und gegen die Wehrpflicht vor der entsprechenden Volksbefragung. Es ist aber sowohl diese Koalition zustande gekommen als auch eine klare Mehrheit in der Volksbefragung für die Wehrpflicht. Man überschätzt also oft die Macht des Boulevards.

WOLF: Andererseits: Dass es diese Volksbefragung überhaupt gab, war sehr wohl auf den Einfluss der „Kronen-Zeitung" zurückzuführen. Die „Krone" ist damals eben vehement für ein Berufsheer eingetreten und plötzlich hat die SPÖ ihre jahrzehntelange Position zu diesem Thema geändert und es wurde die erste Volksbefragung der Zweiten Republik angesetzt.

FILZMAIER: Dass die SPÖ plötzlich ganz energisch für das Berufsheer auftrat, war angesichts der Geschichte der Sozialdemokratie, die früher ja auch vom Staat mit Heeresgewalt politisch verfolgt wurde, doch sehr bemerkenswert. Aber da hätte ich an dich als Journalist schon wieder eine Frage: Jetzt gibt es die Unterscheidung in Qualitätszeitungen und Boulevardzeitungen. Wer entscheidet, welche Zeitung was ist, und was sind die Kriterien dafür? Wenn mich jemand fragte, ob meine Arbeit eine hohe Qualität hat oder nicht, würde ich no na immer sagen, wie qualitätsvoll ich bin.

WOLF: Der einfachste Unterschied ist vielleicht, ob eine Zeitung in der Art, wie sie gemacht ist, in erster Linie an die Emotionen ihres Publikums appelliert, oder an die Vernunft. Boulevardzeitungen heißen ja so, weil sie früher am Boulevard, also auf der Straße verkauft wurden. Und damit sie dort möglichst viele Käuferinnen und Käufer finden, haben sie in der Regel sehr laute, aggressive, große, schrille Schlagzeilen, meistens aber nicht unbedingt über jene Themen, die besonders wichtig, relevant und oft auch komplex sind.

FILZMAIER: Was sind denn typische Boulevardthemen?

WOLF: Da geht es dann weniger um Außenpolitik, um Wirtschaft oder Kultur, sondern eher um Sensationen, um Skandale, um Prominente oder Sport. Also um sehr populäre Themen. In den Schlagzeilen und in den Texten wird zugespitzt, wenig differenziert oder argumentiert, und eben mehr an Emotionen und auch an Vorurteile appelliert. Man muss aber auch sagen: Eine große Stärke von Boulevardzeitungen ist, dass sie sehr verständlich geschrieben sind, weil sie eben möglichst viele Menschen erreichen wollen. Sie verwenden weniger Fremdwörter und Fachbegriffe, die Sätze sind nicht so kompliziert und die Texte sind kürzer.

FILZMAIER: Sind Qualitätszeitungen gut und Boulevardzeitungen böse?

WOLF: Eine ideale Zeitung wäre so verständlich wie eine Boulevardzeitung und würde sich gleichzeitig mit den wirklich wichtigen Themen beschäftigen und so differenziert und gescheit argumentieren wie eine Qualitätszeitung.

FILZMAIER: Jetzt gibt mir das die Gelegenheit für Transparenz, die mir sehr wichtig ist. Ich habe im „Standard" geschrieben, der als klassische Qualitätszeitung gilt. Ich habe Kolumnen in den Bundesländerzeitungen geschrieben und schreibe derzeit jeden Sonntag eine Doppelseite in der „Kronen-Zeitung", die als klassische Boulevardzeitung gilt. Ich bemühe mich immer, gleich zu schreiben, aber es stimmt: Die große Herausforderung ist, sachlich oft auch komplexe und komplizierte Inhalte so aufzubereiten, dass sie allgemein verständlich sind und – nicht ganz unwichtig – die Leserinnen und Leser hoffentlich interessieren.

WOLF: Bleiben wir noch kurz bei den vielen Zeitungen, für die du geschrieben hast. Wenn wir uns anschauen, wem die österreichischen

Zeitungen gehören, ist das sehr interessant. Die drei großen Boulevardzeitungen gehören de facto zwei Familien: Die „Kronen-Zeitung" gehört Herrn Dichand und „heute" wurde von seiner Frau gegründet. „Oe24" gehört der Familie Fellner. Der „Kurier" gehört dem Raiffeisen-Konzern, einer einflussreichen, ÖVP-nahen bäuerlichen Genossenschaft, und ist über die Mediaprint mit der „Krone" verbunden. Zum Kurier gehört aber auch noch das Wochenmagazin „Profil". Die „Kleine Zeitung", die in Kärnten und der Steiermark sehr wichtig ist, und die bundesweit erscheinende „Presse" gehören einem Verein der katholischen Kirche. Und die großen, sehr einflussreichen Bundesländer-Tageszeitungen in Vorarlberg, Tirol, Salzburg und Oberösterreich sind – wie „Der Standard" – Familienunternehmen. Das klingt doch alles relativ konservativ. Trotzdem hört man immer wieder: Journalistinnen und Medienleute seien alle links. Wie passt das zusammen?

FILZMAIER: Es gibt natürlich auch parteinahe oder Parteien bevorzugende Menschen rechts der Mitte, die sehr kritisch sind, wenn nicht im Sinne ihrer Partei berichtet wird. Für sie ist dann alles links, was nicht direkt an der rechten Wand steht. Genauso sind übrigens für manche Linke alle Medien rechtsgesteuert. Aber es ist tatsächlich so, dass es in Deutschland und auch in Österreich Studien gibt, die zeigen, dass Journalistinnen und Journalisten – die natürlich wie wir alle auch Wählerinnen und Wähler sind –, in einem überdurchschnittlichen Ausmaß die Grünen wählen. Die Grünen – trotz auch bürgerlicher Wurzeln, das vergisst man gerne – gelten als klassische linksliberale Partei.

WOLF: Daraus schließt man dann, die gesamte Berichterstattung wäre links?

FILZMAIER: Ja. Was freilich eine Behauptung ohne Beleg ist. Oder ein Trugschluss. Überraschend ist dieses Wahlverhalten bei Journalistinnen und Journalisten zunächst einmal nicht, denn sie leben überdurchschnittlich in Städten. Sie haben üblicherweise einen rein formal höheren Bildungsgrad. Das hat mit gescheit oder blöd nichts zu tun, aber sie haben maturiert und ein Studium absolviert. Genau das sind Wählergruppen, in denen die Grünen überdurchschnittliche Wähleranteile haben: Warum sollte das in der Berufsgruppe Journalismus anders sein?

WOLF: Und wieso glauben viele Linke, die meisten Medien wären eher rechts?

FILZMAIER: Umgekehrt gilt: Dass Unternehmerfamilien – Medienbesitzer sind ja Großunternehmer – eher wirtschaftsliberal sind, also klassisch rechts der Mitte stehen, überrascht auch nicht. Das ist auch alles nicht das Problem, denn es gibt keinen politisch völlig neutral denkenden Menschen. Nur darf die politische Einstellung keinen Einfluss auf die politische Berichterstattung haben. Beziehungsweise darf sie das schon, aber nur in klar deklarierten Meinungselementen wie einem Zeitungskommentar oder einer Diskussionssendung im Fernsehen und nicht in Berichten, was wann wo wie passiert ist.

WOLF: Tatsächlich müssen Journalistinnen und Journalisten ihre persönliche Meinung von ihrer Arbeit trennen können. Das ist auch gar nicht so schwer. Jeder Kellner und jede Ärztin erleben jeden Tag, dass es Gäste und Patientinnen gibt, die sympathisch sind, und solche, die weniger sympathisch sind. Trotzdem muss man alle ordentlich bedienen und bestmöglich behandeln. Es gibt viele Berufe, in denen man persönliche Sympathien von der Arbeit trennen muss.

FILZMAIER: Das gilt übrigens auch für den Politikwissenschaftler in der Wahlforschung. Wen ich selbst gewählt habe, das hat mit meinen Analysen des Wahlausgangs in den Medien genau gar nichts zu tun.

WOLF: Es wird auch oft kritisiert, dass der ORF nicht politisch unabhängig wäre. Da heißt es einmal „Rotfunk“, dann wieder „Regierungsfunk“, was in den letzten Jahren allerdings nicht ganz zusammenpassen würde. Wie siehst denn du das?

FILZMAIER: Es gibt hinsichtlich seiner Unabhängigkeit tatsächlich ein großes Strukturproblem im ORF. Denn das oberste Aufsichtsgremium des ORF ist der Stiftungsrat, vergleichbar dem Aufsichtsrat bei einer Firma. Dieser Stiftungsrat trifft die allerwichtigsten Entscheidungen. Er wählt den Generaldirektor oder die Generaldirektorin, und er trifft die Entscheidung über das Budget, also wie viel Geld der ORF überhaupt zur Verfügung hat und wofür er es ausgeben kann. Und dieser Stiftungsrat wird auch von Regierung und Parteien beschickt. Nun ist das Rundfunkgesetz zwar so formuliert, dass es die Unabhängigkeit des ORF schützen müsste. Denn parteipolitische Fraktionen, so wie Klubs der Parteien im Parlament, die sind im ORF-Stiftungsrat ausdrücklich nicht erlaubt. In der Praxis aber ...

WOLF: ... gibt es eine interessante Umgehungskonstruktion, die sogenannten „Freundeskreise“.

FILZMAIER: Genau. Diese Umgehungsvariante sieht so aus: Die parteinahen Personen im Stiftungsrat organisieren sich in Freundeskreisen der jeweiligen Partei. Offiziell ist das keine Fraktion. Doch sie treffen sich zu Vorbesprechungen vor einer Stiftungsratssitzung, in denen sie die jeweilige Parteilinie mitgeteilt bekommen. Danach richten sie auffällig oft bis fast ständig ihr Abstimmungsverhalten nach der Parteilinie aus. In Pandemiezeiten zoomen sie vielleicht, aber oft treffen sie sich übrigens in Räumlichkeiten bei der Partei. Zum Beispiel in der Parteiakademie oder im Parlamentsklub.

WOLF: Es gibt also offensichtlich doch parteipolitischen Einfluss auf die Stiftungsräte.

FILZMAIER: Und dieser Stiftungsrat hat natürlich wiederum die Möglichkeit der politischen Einflussnahme auf die Geschäftsführung, weil ein Generaldirektor oder eine -direktorin erst einmal gewählt werden muss, und er oder sie in der Folge auch ihre weiteren Vorstandsmitglieder durch den Stiftungsrat bringen muss. In der jüngeren Vergangenheit haben wir auch erlebt, dass der schon erwähnte Heinz-Christian Strache bei einem Chefredakteur des ORF sehr deutlich seine Berichtswünsche, nämlich die der FPÖ, platziert hat – und es kam nicht einmal ein ausdrückliches Nein als Antwort. Sondern der Chefredakteur hat Strache empfohlen, das durch den damaligen FPÖ-Stiftungsratsvorsitzenden der entsprechenden Redaktion sagen zu lassen.

WOLF: Der Chefredakteur hat dann sein Amt zurückgelegt. Man muss dazusagen – und das ist gerade uns ORF-Journalistinnen und -Journalisten sehr wichtig: Die Nachrichten werden nicht von der ORF-Geschäftsführung gemacht. Trotz des Einflusses der Politik auf den Stiftungsrat können wir im Newsroom vernünftig arbeiten. Warum können wir das? Weil wir ein sehr starkes Redaktionsstatut und eine sehr starke Redaktionsvertretung haben. Kein Journalist und keine Journalistin im ORF kann gezwungen werden, etwas zu berichten. Niemand kann mir anordnen, was ich in der „Zeit im Bild 2" einen Studiogast frage oder nicht frage, und es weiß auch niemand vorher. Weder die Gäste noch irgendwer sonst im ORF.

FILZMAIER: Das finde ich jetzt sehr schön, dass dir kein Parteimensch vorgeschrieben hat, was du mich fragst und was du mich nicht fragst.

WOLF: Noch besser wäre es natürlich, wenn auch die Spitzenfunktionen im ORF nichts mit der Politik zu tun hätten und auch der Stiftungsrat völlig unabhängig wäre. Aber es kommt ja auch über den ORF hinaus oft die Kritik, dass in Österreich Politik und Medien viel zu eng miteinander wären. Da ist oft von „Verhaberung" die Rede. Wenn man es vornehmer ausdrücken will, spricht man vom „politmedialen Komplex“. Gibt es denn da zu viel Nähe?

FILZMAIER: Diese Verhaberung gibt es. Die besagten unseligen Chats zwischen Spitzenpolitikern und einzelnen Chefredakteuren beweisen das. Das Hauptproblem dort ist natürlich der Inhalt, weil man sich gegenseitig Vorteile zuschanzen wollte. Aber auch der Stil ist bezeichnend, der war nämlich durch eine solche Verhaberung geprägt.

WOLF: Ist das typisch österreichisch?

FILZMAIER: Es ist in einem sehr kleinen Land wie Österreich manchmal schwierig, die Nähe an sich zu verhindern. Ein Lokaljournalist oder eine Lokaljournalistin etwa kann sich vor Ort kaum vollkommen von einer Nähe zum Bürgermeister loslösen. Man trifft sich vom Sportverein über die Blasmusikkapelle bis zum Dorffest regelmäßig. Nur das heißt natürlich noch lange nicht, dass aus dieser Nähe eine Absprache entstehen muss, was man am besten wie in der Zeitung schreibt, oder welchen Vorteil ein Journalist oder eine Journalistin hat, wenn er oder sie das tut.

WOLF: Aber auf Bundesebene müsste es nach deinem Beispiel doch mehr Distanz geben.

FILZMAIER: Leider oft nein. In Wien gibt es rund um die Hofburg, das Kanzleramt, das Parlament zwei Quadratkilometer Regierungsviertel, in dem sich – zugespitzt formuliert – täglich die gleichen Leute treffen, nämlich jene aus Politik und Medien. Sie erzählen sich oft auch immer dasselbe und am Ende – das ist schon schlimm – glauben sie, so wäre die Welt oder so wäre zumindest Österreich. Noch schlimmer wird es aber dann, wenn sie sich diese Welt zurechtrichten wollen. Die Verhaberung ist also irgendwie schon ein österreichisches Kulturmerkmal.

WOLF: Es ist natürlich nicht nur die geografische Nähe, sondern es gibt grundsätzlich ein ambivalentes Verhältnis zwischen Medien und Politik. Journalisten und Journalistinnen sind auf Kontakte mit politischen Akteuren angewiesen. Wir müssen ja was erfahren. Wir müssen recherchieren, dazu muss man mit Leuten reden, auch mit Leuten, die man besser kennt, die einem auch vertraulich etwas erzählen, das nicht schon überall bekannt ist.

FILZMAIER: Die berühmten *Off-the-record*-Gespräche.

WOLF: Genau. Wobei das in Österreich – wie so vieles – ein bisserl schlampert ist. Völlig klar ist allen, was *on the record* bedeutet: Man redet mit jemandem und darf Inhalt und Quelle des Gesprächs zitieren. *Off the record* wird in Österreich aber oft verstanden als: Ich darf den Inhalt zitieren, aber nicht die Quelle. Ich müsste also zum Beispiel schreiben: „Aus Regierungskreisen hört man ..." Das ist aber eigentlich falsch. In den USA, wo das alles herkommt, nennt man so ein Gespräch, das man ohne konkrete Quelle zitieren darf, *on background*, also „im Hintergrund". *Off the record* bedeutet etwas anderes, nämlich dass die Informationen gar nicht veröffentlicht werden dürfen. Das Gespräch dient nur dazu, dass ein Journalist oder eine Journalistin einen politischen Vorgang besser verstehen und einschätzen kann.

FILZMAIER: In Deutschland gibt es da eine andere Einteilung. Da verwenden sie Zahlen.

WOLF: Richtig. Und da kennen sich auch alle in Politik und Medien damit aus und verwenden sie gleich. „Unter 1" bedeutet *on the record*, also Zitat und Quelle können verwendet werden. „Unter 2" bedeutet *on background*, also das Zitat darf verwendet werden, die Quelle aber nicht. Und „unter 3" ist *off the record*: Info und Quelle sind vertraulich, nur zur besseren Einschätzung. Schade, dass sich das in Österreich nie durchgesetzt hat.

FILZMAIER: Aber können solche Abmachungen zwischen Medienleuten und ihren „Quellen" aus der Politik und solche Naheverhältnisse nicht auch problematisch werden?

WOLF: Ja, klar, wenn etwa jemand diese Nähe ausnützen würde, um sich irgendwelche persönlichen Vorteile zu verschaffen. Oder wenn man Informantinnen und Informanten zum Beispiel dadurch „pflegen" will, dass man über sie freundlicher berichtet, als man es täte, wenn sie einem nichts erzählen würden. Es ist also ein durchaus ambivalentes Verhältnis, und man muss da als Journalist und als Journalistin immer wieder aufpassen, dass man sich nicht vereinnahmen oder instrumentalisieren lässt.

FILZMAIER: Übrigens ist das kein neues Phänomen. Der von dir schon angesprochene Bundeskanzler Bruno Kreisky hat sich mit ganz kleinen Gesten als Meister dieses Fachs der Verhaberung gezeigt. Er ist zum Beispiel beim Pressefoyer nach dem Ministerrat auf einen jungen Journalisten zugegangen und hat genau diese Person vor allen anderen besonders begrüßt. Ein kleiner Trick des Bundeskanzlers, der vielleicht nicht Verhaberung im groben Sinn war, aber Kreisky hat sich dabei was gedacht. Das war nicht Zufall, sondern Absicht, um sich jemanden gewogen zu machen.

WOLF: Etwas, das Journalistinnen und Politiker in letzter Zeit jedenfalls gemeinsam haben, ist ein wirklich schlechtes öffentliches Image. Die Vertrauenswerte in der Politik sind schon lange sehr schlecht, und in den letzten Jahren sind sie auch bei den Medien immer schlechter geworden. Warum ist das so?

FILZMAIER: Ich greife hier nur einen Fehler, den Politik und Medien gemeinsam machen, heraus: Sie haben das Image der jeweils eigenen Branche ruiniert, nämlich durch konsequente Negativität untereinander und gegeneinander. Die jeweils anderen Kolleginnen und

Kollegen werden möglichst schlechtgemacht. Dann wundert man sich und beklagt, dass das Gesamtbild der Branchen von politischen und journalistischen Akteurinnen und Akteuren negativ ist. Dabei ist man selbst am meisten schuld daran.

WOLF: Ruinieren wir wirklich das Image der eigenen Branche?

FILZMAIER: Ich bringe dazu einen drastischen Vergleich: Nehmen wir zwei Thermengemeinden, die sind genauso Konkurrenten um Gästezahlen, wie es Konkurrenz in Politik und Medien gibt. In der Politik wird um Wählerstimmen konkurriert, in Medien um Zuschauerinnen- oder Leserzahlen. Trotzdem würden Tourismusgemeinden schlecht beraten sein, wenn sie sagen würden, in der jeweils anderen Gemeinde schwimmst du nicht im Thermalwasser, sondern in der Kloake. Sie wissen, das Gesamtbild wäre: In der ganzen Gegend muss es ziemlich stinken.

WOLF: Ich möchte zum Abschluss noch über einen ganz wichtigen Punkt reden: die sozialen Medien. Innerhalb weniger Jahre, es gibt sie ja noch nicht so lange, haben sie wirklich viel verändert. Sie sind zu einer riesigen Konkurrenz für traditionelle journalistische Medien geworden: um die Zeit und die Aufmerksamkeit des Publikums, und um die Werbeeinnahmen, von denen professionelle Medien ja auch ganz wesentlich leben.

FILZMAIER: Vor allem haben soziale Medien die politische Kommunikation verändert.

WOLF: Ja, plötzlich kann sich – zumindest potenziell – jede und jeder an der öffentlichen Debatte beteiligen und mitreden, mit allen Vor- und Nachteilen, die das hat. Und soziale Medien ermöglichen auch, dass Politikerinnen und Politiker ganz direkt und ohne mediale Vermittlung mit den Bürgerinnen und Bürgern reden können. Damit komme ich zu meiner Ausgangsfrage ganz am Anfang zurück: Wenn das so ist, braucht dann die Politik heute die traditionellen Medien noch?

FILZMAIER: Was in der Theorie in sozialen Medien sehr gut ist – dass politische Akteure direkt mit Bürgerinnen und Bürgern kommunizieren können, und dass das auch umgekehrt, also interaktiv möglich ist –, funktioniert in der Praxis leider bei Weitem nicht so gut. Denn Voraussetzung für das Funktionieren wäre, dass alle von uns die Medienkompetenz und auch die Zeit haben, ihr eigener Chefredakteur, ihre eigene Chefredakteurin zu sein. Denn Journalistinnen und Journalisten und Chefredaktionen sind damit beschäftigt, seriöse Nachrichten von unseriösen zu unterscheiden, Wahres vom Falschen zu trennen, nachzurecherchieren und zu checken, was die jeweilige Gegenseite und unbeteiligte Dritte dazu sagen.

WOLF: Warum funktioniert das nicht, dass wir unsere eigenen Chefredakteure sind?

FILZMAIER: All das, was Chefredakteure tun müssen, können viele Bürgerinnen und Bürger von ihrer Ausbildung her nicht, weil sie andere Berufe erlernt haben. Und wenn wir in diesen anderen Berufen für das Arbeiten bezahlt werden, haben wir auch nicht die Zeit, tagein und tagaus zu recherchieren. Deshalb brauchen wir Journalistinnen und Journalisten und traditionelle Medien mehr denn je.

WOLF: Trotzdem meint der deutsche Medienwissenschaftler Bernhard Pörksen, wir müssten eine Art „redaktionelle Gesellschaft“ werden. Das heißt, alle Bürgerinnen und Bürger sollten sich ein paar grundlegende Fähigkeiten und Kompetenzen aus dem Journalismus aneignen, damit sie auch selbst im Alltag überprüfen können, ob sie auf Social Media gerade angelogen werden. Ob das, was sie da lesen, sehen oder hören, eine seriöse Information und glaubwürdig

ist, oder doch einseitige Propaganda von jemandem, der ihnen etwas verkaufen will.
Peter, wir kommen zum Ende. Wenn du dir etwas wünschen könntest, was sich im Verhältnis zwischen Politik und Medien in Österreich ändern sollte, was wäre das dann?

FILZMAIER: Da kann ich an das anknüpfen, was du gerade gesagt hast. Ich wünsche mir ein verpflichtendes Schulfach Medienbildung in Verbindung mit politischer Bildung, und zusätzlich einen Schwerpunkt Medienbildung in der offenen Jugendarbeit und in der Erwachsenenbildung – mit einem Milliardenbudget.

WOLF: Einen kleinen Anfang haben wir mit dieser Gesprächsserie ja mal versucht. Vielen Dank für deine Zeit und vor allem für deine Expertise, Herr Professor!

FILZMAIER: Sehr gerne, Herr Wolf! Hat Spaß gemacht.

Tipps

Für alle, die noch mehr über die österreichische Politik erfahren möchten, empfehlen wir ein hervorragendes aktuelles Lehrbuch, das zwei langjährige Mitarbeiter:innen und Forschungspartner:innen von Peter Anfang 2023 herausgebracht haben und das kostenlos online verfügbar ist: „Das politische System Österreichs. Basiswissen und Forschungseinblicke." Herausgegeben von Katrin Praprotnik und Flooh Perlot, Wien 2023:
https://tinyurl.com/PolitischesSystem (PDF)

Online zu finden ist auch „Zentrum Polis", eine Plattform für politische Bildung mit sehr vielen Informationen und weiterführenden Links, die sich vor allem an junge Menschen wendet:
https://politik-lernen.at

Ein österreichisches „Politik-Lexikon für junge Leute" gibt es unter:
https://politik-lexikon.at

Und das Parlament bietet in einer „Demokratiewerkstatt" online und im Parlamentsgebäude lehrreiche und gut gemachte Workshops und Materialien für Kinder und Jugendliche von acht bis 19 an:
https://www.demokratiewebstatt.at/demokratiewerkstatt/

Einen Besuch im prachtvoll renovierten Parlament in Wien empfehlen wir jedenfalls allen Leserinnen und Lesern. Alle Details dazu unter: https://www.parlament.gv.at/erleben. Auch Abgeordnete laden gerne Interessierte aus ihren Wahlkreisen zu Führungen ein.

Dank

Dieses Buch basiert auf dem Video-Podcast „Der Professor und der Wolf“, einer Koproduktion von „ZiB 2“ und Radio FM4 vom Herbst 2022, die auch als Radiosendung auf FM4 und als Fernsehsendung auf ORF1 lief. Ermöglicht haben dieses multimediale Projekt „ZiB 2“-Redaktionsleiter Christoph Varga, ORF-Programmdirektorin Stefanie Groiss-Horowitz und FM4-Chefin Doroteja Gradištanac, vor allem aber die FM4-Redakteure Claus Diwisch und Rudi Ortner, die uns von der Idee bis zur letzten Folge redaktionell und technisch hervorragend und extrem engagiert betreut haben. Die acht Folgen des Podcasts sind nach wie vor im YouTube-Kanal von FM4 zu sehen.

Im Brandstätter-Verlag bedanken wir uns bei unserer umsichtigen Projektleiterin Judith E. Innerhofer und dem gesamten Team vom Lektorat bis zur Presseabteilung für die kompetente Unterstützung eines sehr kurzfristig entstandenen Buchprojekts, sowie bei den Fotografen Clemens Fantur und Gianmaria Gava für Titel- und Pressebilder.

Sie alle haben geholfen, dieses Buch besser zu machen, für allfällig noch verbliebene Fehler sind wir als Autoren verantwortlich. Armin möchte sich außerdem noch bei Euké bedanken – für ihre liebevolle Geduld in einer ohnehin sehr stressigen Zeit und überhaupt für alles!

Die Autoren

UNIV.-PROF. DR. PETER FILZMAIER, geboren 1967 in Wien, hat Politik- und Kommunikationswissenschaft studiert und danach im Bildungsministerium und für NGOs gearbeitet. 1998 wechselte Peter an die Universität, wo er 2006 in Krems und 2010 in Graz Professor für Politikwissenschaft wurde. 2008 gründete er das Institut für Strategieanalysen (ISA) in Wien.

Peter ist zudem politischer Analytiker des ORF sowie Gastkommentator in den Tageszeitungen „Der Standard“ (2003 bis 2008), den Bundesländerzeitungen („Filzmaier am Montag“ (2008 bis 2015) und der „Kronen-Zeitung“ („Filzmaier analysiert“ seit 2015).

2019 war er für den Fernsehpreis Romy nominiert, erhielt für seine politischen Analysen einen Sonderpreis im Rahmen der Ehrungen „Österreichischer Journalist des Jahres“ und wurde als „Österreichischer Kommunikator des Jahres“ ausgezeichnet.

DR. ARMIN WOLF, geboren 1966 in Innsbruck, arbeitet seit seiner Matura für den ORF. Erst im Landesstudio Tirol, später beim Hörfunk in Wien, als USA-Korrespondent im ORF-Büro Washington und seit 1995 für die „ZiB 2“, die er seit 2002 moderiert. Als stellvertretender Chefredakteur im ORF-Fernsehen ist er auch für die „Zeit im Bild“-Kanäle auf Instagram, Facebook und TikTok verantwortlich.

Armin hat nebenberuflich in Innsbruck und Wien Politikwissenschaft, Soziologie und Zeitgeschichte und in Berlin Betriebswirtschaft studiert sowie mehrere Bücher veröffentlicht.

Für seine Arbeit in der „ZiB 2“ wurde er mehrfach als beliebtester TV-Moderator und „Österreichischer Journalist des Jahres“ ausgezeichnet sowie 2019 als „Europäischer Journalist des Jahres“.

LIEBE LESER:INNEN,

wir sagen Danke, dass wir Sie auf Ihrer Lesereise begleiten durften. Viele weitere Abenteuer, aufregende Geschichten, unverwechselbare Geschenkideen finden Sie auf unserem Abenteuerspielplatz

www.brandstaetterverlag.com

Bleiben wir in Verbindung!

leserbrief@brandstaetterverlag.com

Christian Brandstätter Verlag GmbH & Co KG
Wickenburggasse 26, 1080 Wien
Tel: +43 1 512 1543-256

Teilen macht glücklich!
#ProfessorUndWolf #DerProfessorUndDerWolf

Werden Sie Brandstätter-Insider*in!

IMPRESSUM

2. Auflage, 2023

Designed in Austria, printed in the EU.

ISBN 978-3-7106-0724-0

Grafische Gestaltung: Johanna Kurz
Coverfoto: Clemens Fantur
Lektorat: Joe Rabl
Projektleitung: Judith E. Innerhofer

WIR TRAGEN VERANTWORTUNG

Der Inhalt dieses Buchs wurde auf hochwertigem, FSC©-zertifiziertem Naturpapier gedruckt. Dieses Papier trägt darüber hinaus ein Zertifikat auf dem Cradle to Cradle Certified® Silver Level. Das Forest Stewardship Council® ist eine internationale Nichtregierungsorganisation, die weltweit eine umweltfreundliche, sozial gerechte und wirtschaftlich tragfähige Bewirtschaftung der Wälder fördert. Cradle to Cradle® zielt auf ein ökologisch verträgliches Wirtschaften in sich wiederholenden Rohstoff-Produkt-Kreisläufen ab.

Für die Druckproduktion und Endfertigung wurde auf umweltfreundliche, ressourcenschonende und schadstofffreie Produktionsweisen und Materialien geachtet. Die Druckerei ist FSC©-zertifiziert und bezieht ihre Energie zu 100% aus umweltfreundlichen, erneuerbaren Quellen; regelmäßige Audits erfolgen im Bereich des Carbon-Footprint-Managements zur Reduktion des CO_2-Ausstoßes Diese international anerkannten, unabhängigen und regelmäßig überprüften Standards gewährleisten eine umweltgerechte, sozial verträgliche, nachhaltige und ökonomisch tragfähige Nutzung entlang der gesamten Wertschöpfungskette Holz, vom Baum bis zum Buch.